Impressum:

Besuchen Sie uns im Internet:
www.papierfresserchen.de

Bearbeitung: CAT creativ - www.cat-creativ.at

im Auftrag von

© 2024 – Papierfresserchens MTM-Verlag
Mühlstraße 10 – 88085 Langenargen
info@papierfresserchen.de
Alle Rechte vorbehalten.
Erstauflage 2024

Das Werk einschließlich aller seiner Teile ist urheberrechtlich geschützt. Wir weisen darauf hin, dass das Werk einschließlich aller seiner Teile urheberrechtlich geschützt ist. Jede Verwertung ist ohne Zustimmung des Verlages unzulässig. Dies gilt insbesondere für die elektronische oder sonstige Vervielfältigung, Übersetzung, Verbreitung und öffentliche Zugänglichmachung.

Coverbild: © Helena Gracia - Adobe Stock lizenziert
Backcover: © Karin Endler
Illustration S. 62 + S. 75: KI generiert - Firefly Adobe Stock lizenziert
Alle anderen Fotos und Illustrationen:
© bei den jeweiligen Autorinnen und Autoren

Gedruckt in Polen / Bookpress

ISBN: 978-3-99051-211-1 - Taschenbuch
ISBN: 978-3-99051-212-8 - E-Book

Martina Meier (Hrsg.)

Teddys
Bärengeschichten

Buchtipp

Sue Hiegemann
Max und die Eisbären
ISBN: 978-3-86196-238-0, Taschenbuch, 96 Seiten

Der zehnjährige Max will unbedingt Eisbären in freier Natur sehen, weil er befürchtet, dass es aufgrund der Klimaerwärmung nicht mehr lange frei lebende Exemplare geben wird. Da sein Vater Kapitän auf dem Forschungsschiff Polarstern ist, gelingt es ihm, sich als blinder Passagier bei der nächsten Expedition zum Nordpol an Bord zu schleichen. Er kämpft noch gegen seine Seekrankheit, als ausgerechnet der grimmige Meteorologe Dr. Berthold ihn findet. Ob er es nun bis in die Arktis schafft?

www.papierfresserchen.de

Inhalt

Wann ist ein Bär ein Bär?	9
Teddy Theo taucht tief	13
Bärchen Herrmann und der Purzelbaum	17
Mein Begleiter	19
Falsche Töne	20
Der Teddybär	24
Bauchgrummeln	26
Teddyreise	29
Hannes	30
Die Bärenfamilie im Urlaub	34
Das Wunderbärchen	37
Der Teddyladen	41
Mehr als einen Steinwurf entfernt	42
Ein Tag im Spielzeugland	46
Der Teddybär	50
Äffchen, Bärchen und Puppi	52
Teddy Bär hat einen Traum	54
Hat mich denn niemand lieb?	56
Die Bärenfamilie im Zoo	61
Teddys Odyssee	63
Knuddelbärs Waldparty	68
Auf Patrouille	70
Teddybär Pauline	74
Teddy im Gebrauchtwarenladen	75
Unfreiwilliger Schleudergang	79

Wie ich zum glücklichsten Teddy wurde	82
Teddy Brummbrumm	86
Ein Teddy fürs Leben	88
Er heißt Albärt	92
Teddy will zur Feuerwehr	97
Schnubbel ist immer dabei	100
Teddy mit Cape	101
Bärchen Rosalie sucht das Glück	105
Drei Teddybären auf der Couch	109
Entdecke die Welt, mein kleiner Bär!	113
Verlassen	118
Plüschplausch	122
Ich, Berlios	123
Mein treuer Begleiter Kasimir	126
Willys und Lillys erstes Abenteuer	128
Auf geheimer Mission	133
Bär	136
Happy Birthday, Nicolas	139
Bärenglück	141
Der hilfreiche Teddy	144
Manchmal können Herzen gucken	147
Struppi, mein Held	151
Thorben und sein enger Freund	154
Bärchen	157
Erinnerungen	159

Autorinnen & Autoren

Anke Ortmann
Ann-Kathleen Lyssy
Beccy Charlatan
Bernd Watzka
Blandine Fachbach
Carmen Schmied
Carola Marion Menzel
Catamilla Bunk
Catharina Luisa Ilg
Charlie Hagist
Dominique Goreßen
Dörte Müller
ElviEra Kensche
Emma Summer Mintken
Eva Haring-Kappel
Florian Geiger
Franziska Hirschmann
Gudrun Güth
Julia Kohlbach
Juliane Barth
Karin Endler
Ladislaja Winter
Lina Sommerfeld

Lisa Dvoracek
Lisa Marie Kormann
Luna Day
Manfred Luczinski
Margit Günster
Michaela Kapsalis
Nico Haupt
Nicole Webersinn
Oliver Fahn
Priska Fiebig
Ramona Stolle
Sarah Sophie Vierheller
Sieglinde Seiler
Simone Lamolla
Stephanie Haddenga
Stephanie Hope
Susanne Ulrike Maria Albrecht
Sybille Klubkowski
Syelle Beutnagel
Ulli Krebs
Volker Liebelt
Wolfgang Rödig

Wann ist ein Bär ein Bär?

„Also, Mama, ich erzähle dir jetzt etwas über den Eisbären", plappert der kleine Klugscheißer Finley beim Mittagessen munter drauflos. „Er gehört zum Stamm der Wirbeltiere, zur Klasse der Säugetiere, zur Ordnung der Raubtiere, zur Familie der Bären und der Gattung *Echte Bären*. Die Art ist Eisbär. Und stell dir vor, es gibt auch die Gattung *Unechte Bären*. Das ist dann nämlich der Teddybär." Grinsend schiebt er sich eine Gabel voll aufgerollter Spaghetti in den Mund, während ihm die Hälfte der Tomatensoße vom Kinn tropft.

„Und du isst heute wieder wie ein Eisbär", kommentiere ich, wobei ich es schon toll finde, dass er in Biologie in der Schule offenbar einmal richtig gut aufgepasst hat.

„Ich habe auch einen Teddybären!", freut sich die dreijährige Mechthild, springt von der Eckbank und holt ihr Kuscheltier. Liebevoll knuddelt und küsst sie es mit verschmiertem Soßenmund. „Mein Teddy", erklärt sie stolz.

„Das ist kein Bär", verbessert sie der große Bruder Elias mit vollem Mund. „Das ist ein Alien."

„Nein, es ist ein Bär!", kontert Mechthild und stampft zur Unterstreichung ihrer Aussage mit dem Fuß auf.

„Nein, ein Alien", insistiert Elias.

„Nein, ein Teddybäääääär!" Die Kleine wird ganz rot vor Wut.

„Es ist ein Teddy-Alien-Bär", versuche ich zu schlichten. „Das Wichtigste ist doch, dass du ihn lieb hast und er sich kuscheln lässt." Aus dem Augenwinkel nehme ich wahr, dass Elias schon wieder zu einer Entgegnung ansetzen möchte, und schicke ihm einen warnenden Mama-Blick. Er klappt den Mund wieder zu und stochert weiter in seinen Spaghetti. „Kommst du jetzt bitte wieder zum Essen?"

„Nein", sagt Mechthild entschieden. „Ich bin jetzt sauer." Sie zieht einen Schmollmund und bleibt trotzig stehen.

Ich seufze.

„So sieht ein Teddybär aus", wagt Elias, doch noch weiter zu sticheln, und hebt sein Handy mit einem Foto hoch.

„Nei...ein!", schreit Mechthild. „Lass mich jetzt in Ruhe."

„Lass sie jetzt in Ruhe", wiederhole ich scharf. „Und pack diese dämliche Elektronik weg. Sie hat beim Essen hier gar nichts verloren. Ein echter Teddybär ist sowieso nur der, den Neal von seinem Patenonkel zum ersten Geburtstag bekommen hat. Einer aus Giengen an der Brenz mit Knopf im Ohr."

Fragende Blicke aller fünf am Tisch sitzenden Kinder.

Neal lallt: „Dadada", denn er hat seinen Namen verstanden. Dann wird der Ton allerdings eine Spur fordernder und ich merke, dass er Nudelnachschub möchte.

„Woher weißt du, dass Neals Teddy aus Giengen an der Brenz kommt?", fragt Elias.

„Weil er einen Knopf im Ohr hat. Diese Teddys kommen alle von dort."

„Clara hat auch Knöpfe im Ohr und kommt nicht aus Ginkgo an der Brennnessel", mault er schon wieder stichelnd, diesmal gegen die ältere Schwester.

„Sag mal?", blafft Clara. „Kannst du heute nur alle Leute ärgern? Ist mal wieder zufällig Vollmond und der bekommt deinem Steinbocksternzeichen nicht so gut? Man nennt es Ohrringe, du Doofi, und die waren sehr teuer."

„Das sind die Teddybären aus Giengen an der Brenz auch", meint Papa.

„Ich mag eh nur Gummibärchen", sagt Elias leichthin.

„Oh ja! Gummibärchen!", ruft Mechthild plötzlich nicht mehr sauer. „Ich bin satt, Mama. Kann ich Gummibärchen haben?"

Neal klatscht in seinem Hochstuhl begeistert Beifall.

„Danke, Elias", zische ich ein wenig angesäuert und wende mich dann wieder an Mechthild. „Erst wenn alle satt sind, gibt es Nachtisch. Und du hast noch fast nichts gegessen. Also bitte setz dich wieder zu uns an den Tisch und iss noch ein paar Löffel voll."

„Nein", schimpft die Dreijährige wieder in ihrem Wut-Modus. „Dann bin ich lieber wieder sauer."

„Sie ist auch Steinbock", erläutert Clara. „Wie ich es gesagt habe, heute stehen die Sterne in einer schlechten Konstellation für dieses Sternzeichen. Elias, was ist eigentlich mit deinem riesengroßen Teddybären passiert, auf den ich immer so neidisch war?" Ich schlage innerlich die Hände über dem Kopf zusammen.

Der Angesprochene schaut mich fragend an: „Stimmt. Was ist eigentlich mit meinem großen Teddy passiert, Mama?"

„Der hat nach einer Session von Kopfläusen wegen der Größe nicht in die Waschmaschine gepasst und musste daher leider umziehen", sage ich vorsichtig.

„Was?", kreischt Elias. „Du hast ihn entsorgt?"

„Danke, Clara", murre ich.

„Wisst ihr eigentlich, dass der Teddybär seinen Namen von einem amerikanischen Präsidenten hat?", wechselt Papa das Thema, um die Gemüter wieder etwas abzukühlen. „Richard Steiff aus Giengen an der Brenz", fügt er mit einem Zwinkern in Elias' Richtung hinzu, „hat 1902 den ersten zotteligen Spielbären entworfen und ihn nach dem zu dieser Zeit amtierenden amerikanischen Präsidenten Theodore – also Teddy – Roosevelt benannt. Jetzt seid ihr wieder ein bisschen schlauer, nicht wahr? Ja, ja, was man von so einem Papa noch so alles lernen kann."

„Deshalb heißt Donald Duck auch Donald", kombiniert Finley. „Weil der auch nach einem amerikanischen Präsidenten benannt ist."

Mein Mann und ich wechseln vielsagende Blicke. „Äh, nein", verneint Papa kategorisch.

„Hatte dieser Richard auch einen Knopf im Ohr, wenn er aus Ginkgo an der Brennnessel kam?", will Elias wissen.

Papa lacht. „Er wahrscheinlich nicht. Aber alle seine Teddybären."

„Komische Leute kennst du." Elias schüttelt den Kopf.

Papa und ich schmunzeln. Er muss uns wirklich für sehr alt halten.

„Also, wir haben ja alle Teddybären", überlegt Clara. „Auch wenn Mechthilds Teddy ein Alien ist, Elias' Teddy wegen Läusen zur Adoption freigegeben wurde und Neal den allerteuersten hat, aber wir haben alle unseren Kuschelteddy. Hast du auch einen Teddybären, Mama?"

„Klar", antworte ich schwärmerisch. „Mein Teddybär heißt Papa."

Papa grinst.

Die Kinder rollen die Augen.

„Der hat aber keinen Knopf im Ohr", kontert Elias. „Und aus Ginkgo an der Brennnessel kommt er auch nicht."

„Das stimmt", gebe ich ihm recht. „Aber er hat Haare, ist kuschelig, manchmal brummt er und ich kann ihn in den Arm nehmen. Er erfüllt also sämtliche Gattungsmerkmale des Beinah-Bären."

„Mama, du bist echt peinlich", sagt Finley, „und du hast gar nichts verstanden von dem, was ich vorhin erklärt habe."

„Mag sein", meine ich und bin in Gedanken schon weit fort in meiner Fantasiewelt, denn ich habe gerade beschlossen, doch bei der Ausschreibung zum Thema *Teddybär* mitzuwirken, nachdem mir meine Familie so viel Input dazu gegeben hat. Schließlich kommt es nicht darauf an, ob der Teddy ein echter Teddy ist, ein Alien oder gar ein Ehemann. Hauptsache, er ist kuschelig, lässt sich in den Arm nehmen und tröstet einen, wenn man es ganz besonders nötig hat.

Stephanie Hope *ist Grundschullehrerin und Theaterpädagogin. Die Leidenschaft zum Schreiben begleitet sie bereits seit der Grundschulzeit. Neben Kurzgeschichten verfasst Stephanie Hope auch Thriller, Fantasyromane und ist im Bereich der Kinder- und Jugendliteratur tätig. Weitere Infos und Lesematerial gibt es unter www.stephanie-hope.com.*

Teddy Theo taucht tief

Die Sonne schien und das Wasser schwappte durch den sanften Wind in kleinen Wellen an den Strand. Die sechsjährige Ellie war mit ihren Eltern im Urlaub am Meer. Mutter und Vater lagen auf Handtüchern, weit genug vom Wasser entfernt, um nicht nass zu werden und in Ruhe lesen zu können. Ein Sonnenschirm steckte neben ihnen im Sand und spendete Schatten.

Ellie spielte etwas abseits, näher dem Wasser, mit ihrem Teddybären und baute eine große Sandburg, in die dieser einziehen sollte. Theo hieß ihr Bär und sie hatte ihn zu ihrer Geburt geschenkt bekommen. Seitdem hatte er sie stets begleitet. Nachts schlief er neben ihr im Bett, tagsüber saß er in ebendiesem und beobachtete sie bei allem, was sie tat. Ellie malte, spielte mit Bauklötzen, sang und tanzte durch ihr Zimmer und Theo hatte Freude, dabei zuzusehen.

Nun wartete er gespannt darauf, dass die Sandburg fertig wurde, damit er es sich darin für eine Weile, während sie am Strand waren, gemütlich machen konnte. Ellie schaufelte Sand mit einer großen Schippe übereinander, füllte Eimer damit, die sie umstülpte, sodass daraus Türme wurden, und grub einen tiefen Graben um die Burg herum, der sich langsam mit Wasser füllte, das vom Meer herangeschwappt kam.

Plötzlich hörte Ellie eine Glocke bimmeln. Der Eiswagen war da! Jeden Tag zur selben Zeit kam er an den Strand und auch jetzt lief Ellie eilig zu ihren Eltern. Ihre Mutter gab ihr zwei Euro, wovon sie sich zwei Kugeln kaufen würde. Erdbeere und Vanille. Das waren Ellies Lieblingssorten.

Die Schlange hinter dem Eisstand war lang, doch Ellie wartete geduldig und nachdem sie an der Reihe gewesen war, setzte sie sich neben ihren Eltern mit ihrem Eis in den Sand und leckte genüsslich daran. Nachdem sie aufgegessen hatte, lief sie zurück zu ihrer Sandburg. Doch kaum war sie dort, erschrak sie. Wo war ihr Teddy? Wie hatte sie ihn vergessen können? Hektisch schaute sie sich nach allen

Seiten um und rannte dann zu ihren Eltern zurück. Noch während sie zu ihnen lief, rannen Tränen über ihre Wangen. Nachdem sie berichtet hatte, dass Theo verschwunden war, fingen sie sogleich zu dritt an, nach ihm zu suchen.

Doch Theo, der war unterdes im Meer schwimmen gegangen. Das Wasser war nah an den Strand geschwappt und eine große Welle hatte ihn schließlich mit sich gerissen. Nun tauchte er durch den Ozean. Tief unter Wasser schwamm er und betrachtete die Umgebung um sich herum. Die Sonne, die durch die Meeresoberfläche schien, ließ das Wasser türkis schimmern. Fische schwammen um ihn herum und bunte Korallen bedeckten den Meeresboden. Theo schwamm vorbei an großen Steinfelsen, tauchte durch eine dunkle Höhle, deren Ein- und Ausgang mit Seetang verhangen war und die nur durch das Licht schwimmender Glühwürmchen erhellt wurde.

Dann kam er an einen Hügel, auf dem sich viele kleine und große Meeresbewohner zu einem Fest versammelt hatten. Seepferdchen tanzten zur Musik, die von einem Orchester ausging. Muscheln sangen, indem sie auf und zu klappten. Mehrere Heringe hüpften über die Tasten eines Klaviers, sodass eine angenehme Melodie erklang. Forellen bliesen in Flöten. Schollen trommelten auf ein Schlagzeug und ein Delfin spielte eine große Harfe, die das Wasser zum Schwingen brachte. Ein Tintenfisch bewegte seine Tentakel, womit er das Orchester dirigierte, während ein anderer sich schnell im Kreis zur Musik drehte und die besonders kleinen Meeresbewohner auf seinen Tentakeln Karussell fahren ließ. Es war herrlich anzusehen und Theo war ganz begeistert von dem Schauspiel, das sich ihm bot. Er gesellte sich zu den anderen, sang und tanzte mit ihnen und vergaß dabei fast die Zeit.

Das Wasser unter der Oberfläche wurde allmählich dunkler und nach und nach verließen die Meeresbewohner das Fest, um nach Hause in ihre Höhlen und andere Verstecke zu schwimmen, in denen sie die Nacht verbringen würden. Es gefiel Theo hier, doch er musste auch an Ellie denken. Was würde sie tun, wenn er hier unten bliebe? Aber würde er den Weg zurück an den Strand überhaupt finden? Wie tief und wie weit weg war er getaucht? Noch während der Teddy nach einem Weg zurück an die Meeresoberfläche suchte, tauchte plötzlich ein Hai neben ihm auf.

„Na, brauchst du Hilfe?", fragte er freundlich.

Entgegen Theos Erwartung war der Hai ganz und gar nicht angsteinflößend, sondern schien sehr friedlich gesinnt. „Ja", antwortete Theo etwas atemlos und erschöpft von der langen Schwimmerei durch das Wasser. „Eine Welle hat mich vom Strand ins Meer getragen. Dann bin ich getaucht und obwohl es mir hier wirklich gut gefällt, möchte ich doch gerne wieder nach Hause. Es gibt da nämlich eine Person, die ich ganz furchtbar vermisse. Und ich glaube, sie würde mich auch sehr vermissen, wenn ich nicht zurückkäme."

„Kein Problem", entgegnete der Hai. „Ich zeige dir den Weg. Schwimm mir einfach hinterher!"

Theo folgte dem Hai und irgendwann gelangten sie tatsächlich in die Nähe des Strandes. „Von hier aus findest du den Weg", sagte der Hai. „Ich werde zurückschwimmen. Wenn mich die Menschen sehen, erschrecken sie sich nur."

Theo bedankte sich bei dem Hai und winkte ihm nach, während dieser zurück in den tiefen, inzwischen schon fast gänzlich dunklen Ozean schwamm. Dann suchte er sich seinen Weg zurück an die Meeresoberfläche und fand sogleich die Burg, die Ellie am Tag gebaut hatte. Dort legte er sich hin und wartete. Bestimmt würde sie wiederkommen.

Und tatsächlich. Nach einer Weile tauchte Ellie neben ihm auf. „Hey, Mama, Papa!", rief sie freudig. „Hier ist er! Hier ist Theo!" Sie hob den klatschnassen Teddybären auf und drückte ihn an sich.

„Na, so was", sagte ihr Vater. „Vielleicht war er schwimmen, so nass, wie er jetzt ist."

Und ihre Mutter meinte: „Ja, sieht ganz so aus, als ob er tief getaucht wäre. Aber Hauptsache ist, dass wir ihn gefunden haben. Nun lasst uns ins Hotel gehen. Es wird schon dunkel und ich habe wirklich Hunger."

Als Ellie und ihre Eltern im Hotelzimmer waren, trockneten sie Theo ab, föhnten sein flauschiges Fell und schließlich nahm Ellie ihn mit hinunter in den Speisesaal, in dem sie ihn neben sich auf einen Stuhl setzte.

„Ich bin so froh, dass Theo wieder da ist!", lachte Ellie dankbar und dann genossen sie und ihre Eltern gemeinsam das Essen vom Buffet, während Theo daneben saß und an sein Abenteuer unter Wasser zurückdachte. Schade, dass er Ellie nicht davon erzählen konnte. Dennoch war er froh, einfach dazusitzen und sicher und wohlbehalten zurückgekehrt zu sein. Welch ein Glück, dass Ellie so hartnäckig und bis in den Abend hinein nach ihm gesucht hatte.

Und Ellie? Die hatte ihren Teddy wieder. Sie konnte sich nur ausmalen, was er erlebt hatte, denn Theo konnte es ihr nicht erzählen. Kein Stofftier konnte einem Menschen sagen, was es erlebte oder empfand. Aber vielleicht war das auch gar nicht so wichtig. Wichtig für Ellie war jedenfalls nur, dass Teddy Theo wieder da war, sie von nun an noch besser aufeinander Acht geben und für immer zusammenbleiben würden. Sie würden weitere Abenteuer erleben, viele davon gemeinsam, manche davon aber eben auch getrennt. Am Ende des Tages waren sie jedoch zusammen. Und das war es, was zählte.

Sarah Sophie Vierheller *wurde 1996 in Darmstadt geboren. Nach dem Abitur studierte sie Deutsch und Evangelische Religion, zuerst in Flensburg, dann in Oldenburg, der Stadt, in der sie derzeit wohnt.*

Bärchen Herrmann und der Purzelbaum

Als Anna von ihrer Mutti aus dem Kindergarten abgeholt wurde, war sie ganz aufgeregt. Sie hatte heute so viel mit den anderen Kindern zusammen gespielt, gesungen und geturnt. Spielen und Singen machten ihr großen Spaß. Die Lieder hatte sie auch schon mit ihrer Mutti zu Hause gesungen. Die kannte sie.

Aber beim Turnen verging ihr die Freude recht schnell. Erst mussten sie auf dem Fußboden im Schneidersitz Platz nehmen. Das kriegte Anna ganz leicht hin. Nach der Aufforderung von Elisabeth, das ist die Kindergärtnerin, setzten sich alle Kinder hin. Anna verschränkte sofort als Erste ihre Beine und schaute wie eine kleine Siegerin in die Runde. Sie wollte sehen, wer seine Beine nicht so übereinanderlegen konnte. Christoph war so einer, der es einfach nicht hinbekam, sein rechtes Bein anzuwinkeln und ganz dicht an seinen Körper zu ziehen und dann das linke Bein ebenfalls zum jetzt angewinkelten rechten Bein zu bewegen. Da das für Anna keine Schwierigkeiten bedeutet hatte, zeigte sie Christoph, wie er es am besten machen könne. Sie machte es langsam vor und Christoph machte es ebenso langsam nach. Und siehe da. Er konnte auch im Schneidersitz sitzen.

Dann bat Elisabeth die Kinder, aufzustehen und im Kreis zu laufen. Kein Problem. Alle liefen einen großen Kreis im Raum. Dabei sangen sie ein Wanderlied.

Schwieriger wurde es, als die Kindergärtnerin die Kinder aufforderte, rückwärts zu laufen. Oje. Einen Fuß hinter, anstatt vor den anderen zu setzen, das war schwierig. Da sie sich dabei nicht umdrehen durften, konnten sie auch nicht erkennen, ob hinter ihnen das jeweilige Kind Platz gemacht hatte oder genau auf der Stelle stand, auf die man selbst gerade zusteuerte.

Anna, die es schaffte, vier Schritte rückwärts zu gehen, ohne umzufallen, musste stehen bleiben, weil Sophie, die sich hinter ihr befand, ihre Freundin Merle umstieß. Sophie kam nicht weiter, Anna kam nicht weiter und Merle lag auf dem Boden. Merle hatte sich aber Gott sei Dank nichts getan, konnte allein wieder aufstehen und weitergehen. Rückwärts.

Aber dann kam eine Übung, die Anna einfach nicht richtig hinbekam. Sie sollten Purzelbäume schlagen. Elisabeth machte es ganz langsam vor. Hände auf dem Boden aufstützen, das Kinn an die Brust ziehen, den Kopf vorsichtig auf den Boden aufsetzen, einen runden Rücken machen und dann mit den Beinen einen kleinen Schwung geben und über den runden Rücken abrollen. Wenn man es richtig gemacht hatte, dann kam man nach der Rolle wieder zum Sitzen.

Elisabeth half zunächst jedem Kind einmal, die Rolle korrekt zu machen. Dann sollten sie es allein versuchen.

Anna bekam es einfach nicht hin. Immer wieder rollte sie über die Schulter und kullerte wie ein Sack seitlich ab. Elisabeth überlegte, wie sie es Anna noch einmal zeigen konnte. Ihr fiel ein, dass Anna heute ihr Kuscheltier Herrmann, ein Bärchen, mitgebracht hatte. Sie holte es und zeigte Anna, wie die einzelnen Übungsschritte gemacht werden. Herrmann konnte es. Und was Herrmann konnte, das konnte sie auch, dachte sich Anna. Das wäre doch gelacht. Und tatsächlich, am Ende des Kindergartentages konnten Anna und Bärchen Herrmann ganz prima Purzelbäume schlagen.

Als Anna und Bärchen Herrmann von ihrer Mutti vom Kindergarten abgeholt wurden, musste sie ihr das gleich berichten.

Und im Bettchen tuschelten Bärchen Herrmann und Anna nur noch eine kurze Zeit miteinander über die Purzelbaum-Turnstunde im Kindergarten. Bärchen Herrmann versprach, öfter mit in den Kindergarten zu kommen. Ihm hatte es heute riesigen Spaß gemacht. Und Anna fand es prima, dass ihr Bärchen Herrmann zeigen konnte, wie ein ordentlicher Purzelbaum geturnt wird. Dann gähnten beide und schliefen vor Müdigkeit ganz fix ein.

Charlie Hagist *wurde 1947 in Berlin-Steglitz geboren. Nach Grund- und Oberschule absolvierte er eine Ausbildung zum Bankkaufmann. Während seiner Tätigkeit in der Personalabteilung des Hauses bildete er sich zusätzlich zum Personalfachkaufmann (IHK) weiter. Ehrenamtlich war er als Richter am Amtsgericht Berlin-Tiergarten, am Sozialgericht Berlin und danach am Landessozialgericht Berlin tätig. Charlie Hagist ist verheiratet, hat einen Sohn.*

Mein Begleiter

Er sitzt auf dem Bett
den ganzen Tag.
Er ist ein Wesen,
das ich sehr mag.

Augen wie Knöpfe,
struppiges Fell.
Unten ganz dunkel
und oben sehr hell.

Er ist ganz weich,
hört immer zu.
Legt sich am Abend
mit mir zur Ruh.

Er ist sehr alt,
doch das sieht man nicht.
Trägt auch ein Mützchen,
der kleine Wicht!

Wenn ich verreise,
muss ich ihn nicht missen.
Er schläft im Hotel
auf meinem Kissen.

Gut gelaunt
geht er durch den Tag.
Er ist ein Wesen,
das ich sehr mag.

Dörte Müller *schreibt und illustriert Bücher für Kinder.*

Falsche Töne

Nach der Geigenstunde hatte Fabrizio sie überraschend zu seinem Klavierabend eingeladen. Greta war wahnsinnig stolz gewesen, als sie an seinem Arm durch den Bühneneingang das Konzerthaus betrat. Sie durfte sich in die erste Reihe setzen, auf einen reservierten Platz. So hatte sie den besten Blick auf die Bühne und fühlte sich sehr besonders.

Immer mehr Leute strömten herein und schließlich war der große Saal bis auf den letzten Platz besetzt. Ein erwartungsvolles Gemurmel erfüllte den Raum, doch als dann das Licht ausging, wurde es plötzlich ganz ruhig. Im Scheinwerferlicht betrat Fabrizio Conte im dunkelgrauen Anzug die Bühne, die schwarzen Locken ein wenig zerzaust. Er verbeugte sich kurz und setzte sich ans Klavier.

Als dann die ersten Töne erklangen, spürte sie, wie ihr Herz schlug und ihr ganz heiß wurde. Dieser Mann war einfach fantastisch! Er spielte mit einer solchen Leichtigkeit, dabei doch enorm kraftvoll, und er sah einfach umwerfend gut aus! Sie vergaß alles um sich herum und ließ sich mitreißen von der Musik und ihren Gefühlen.

Als die letzten Takte verklangen und plötzlich Stille herrschte, war es ihr, als würde sie aus einem Traum erwachen. Fabrizio trat nach vorne, verbeugte sich tief und der Applaus brauste auf.

Nach dem Konzert nahm er sie mit in seine Stammkneipe. Es waren hauptsächlich Künstler dort und alle schienen sich zu kennen. Greta hörte den Gesprächen zu und genoss es, einfach in seiner Nähe zu sein.

Schließlich verabschiedete er sich reihum und sie verließen gemeinsam die Bar. Als sie ins Auto einstiegen, fragte er sie, ob sie bei ihm noch einen Kaffee trinken wolle. Freudig überrascht nahm sie die Einladung an.

Während der Fahrt unterhielten sie sich über seinen erfolgreichen Auftritt und er erzählte ihr von seinen Plänen für weitere Konzerte. Greta war froh, dass er scheinbar nicht merkte, wie aufgeregt sie war.

Fabrizio wohnte in einem Altbau in der Innenstadt. Nachdem sie das Auto geparkt hatten, mussten sie noch ein ganzes Stück laufen. Es regnete ein wenig und sie eilten Hand in Hand durch die Nacht. Fabrizio war plötzlich sehr schweigsam geworden.

Als sie hinter ihm die altmodische Treppe hinaufstieg und er die Wohnungstür öffnete, war sie sehr gespannt darauf, wie er wohl lebte. Sie betraten einen Flur mit hohen Wänden und einem schönen alten Parkettboden. Greta stellte ihren Geigenkasten neben die Garderobe und hängte ihre nasse Jacke auf.

Fabrizio ging vor ins Wohnzimmer. Als er das Licht anknipste, standen sie in einem geräumigen, beinahe saalartigen Zimmer. Es hatte schmale Fenster bis zum Boden und eine reich verzierte Stuckdecke. Die Mitte nahm ein riesiger Flügel ein und an den Wänden standen Regale, vollgestopft mit Noten, Büchern und Schallplatten.

Er ging in die Küche und sie hörte ihn dort mit der Kaffeemaschine hantieren. Als er zurückkam, reichte er ihr abwesend eine kleine Tasse, aus der es köstlich nach Espresso duftete. Dann setzte er sich, ohne sie weiter zu beachten, an den Flügel und begann zu spielen. Greta kannte das Stück nicht, aber es war wunderschön melancholisch.

Sie stand ein wenig verloren herum und ging dann auf Zehenspitzen durch das Zimmer und betrachtete die Bücher in den Regalen. Fabrizio spielte voller Inbrunst mit geschlossenen Augen und schien ganz weit weg zu sein.

Sie nahm eines der Bücher heraus. Es war ein großformatiger Bildband über die Provence mit wunderschönen Bildern. Sie blätterte ein wenig darin und stellte das Buch dann zurück. Da fiel ihr Blick auf einen Teddybären, der auf einer Reihe von Fotoalben saß. Offensichtlich war er schon alt, denn sein Fell war abgeschabt und mit seinen schwarzen Augen, von denen eines etwas herunterhing, blickte er traurig auf sie herab. Greta nahm den Bären herunter und stieß dabei an einen Stapel Bücher, der krachend umfiel.

Fabrizio schrak zusammen und einige Dissonanzen entfuhren dem Instrument. Er drehte sich ruckartig um und blickte sie wie entgeistert an. Offenbar hatte er ihre Anwesenheit total vergessen. Es war ihr peinlich und so hielt sie ihm rasch den Teddy entgegen und fragte ihn, ob das seiner sei.

Mürrisch erwiderte er: „Ja, gefällt er dir? Du kannst ihn haben." Und schon flogen seine Finger wieder über die Tasten.

Ihr war, als wäre der Bär bei diesen Worten zusammengezuckt. Fassungslos blickte sie auf Fabrizios Rücken und drückte den Teddy unwillkürlich an sich. Das Stück gefiel ihr nicht mehr, es klang auf einmal düster und bedrohlich.

„Du kannst ihn haben", hatte er gesagt. Völlig gefühllos. Die zauberhafte, unwirkliche Stimmung des Abends war dahin.

Greta strich durch das dünne Fell des alten Bären und spürte plötzlich, dass sie hier wegwollte.

Fabrizio hatte ihr seinen Teddybären geschenkt, doch sie konnte sich nicht darüber freuen. Es war keine liebevolle Geste gewesen. Es war mehr, als hätte er ihr ein Feuerzeug oder einen Platz im Bus überlassen. Wie konnte er seinen alten Kameraden aus Kindertagen nur so gleichgültig hergeben?

Ihr Idol hatte ganz plötzlich seine Anziehungskraft verloren. Greta warf noch einen letzten Blick auf die Gestalt, die versunken am Klavier saß. Dann ging sie leise hinaus, zog ihre Jacke an und klemmte sich den Teddy unter den einen und den Geigenkasten unter den anderen Arm.

Als sie die Tür leise hinter sich ins Schloss zog und die Treppe hinunterstieg, verklang die Klaviermusik langsam hinter ihr. Sie trat auf die Straße. Es regnete immer noch. Schützend schob sie den Teddy unter ihre Jacke und machte sich auf den Weg zur Bushaltestelle.

Greta war tief enttäuscht. Sie hatte einen Menschen geliebt, der es nicht wert war. Hinter der schönen Fassade verbarg sich ein kaltes Herz. So gefühllos wie Fabrizio mit dem Teddybären umgegangen war, so hätte er wahrscheinlich irgendwann auch sie behandelt.

Ihr war plötzlich klar, dass er sie nicht wirklich liebte. Er liebte nur sich selbst. Er war selbstherrlich und eingebildet. So wie auf der Bühne brauchte er auch im Leben Publikum, das zu ihm aufschaute und ihn bewunderte. Sie hatte sich in ihm getäuscht und sah ihn nun mit ganz anderen Augen. Greta drückte den Teddy dankbar an sich, denn schließlich hatte er ihr zu dieser Erkenntnis verholfen.

Hinter einem schäbigen Äußeren war ein wahrer Freund zum Vorschein gekommen, während sich der strahlend schöne Held jäh als charakterloser Egoist entpuppt hatte.

So saßen sie zusammen auf der harten Bank der Bushaltestelle, das traurige Mädchen und der alte Teddybär, während der Regen leise auf das Blechdach prasselte.

Blandine Fachbach, *geboren 1968 in Ravensburg, verheiratet, lebt in Tettnang und ist Kaufmännische Angestellte. Hobbys: Gartenarbeit und -genuss, Reisen, Fotografieren, mit Freunden zusammen sein.*

Der Teddybär

Regungslos sitzt ein brauner Teddybär
seit der ersten Adventswoche im Regal
eines bekannten Spielwarengeschäftes.
Es bleibt ihm leider keine andere Wahl.

Weil es ihm dort ziemlich langweilig ist,
träumt er immer öfter gern vor sich hin,
denn in den Wochen vor Weihnachten
kommen Bärchen Wünsche in den Sinn.

Würde er auch noch am Heiligen Abend
einsam hier herumsitzen, übrig bleiben?
Lieber möchte er sich in einer Wohnung
seine Zeit unterm Christbaum vertreiben.

Schon wird er von einer Verkäuferin am
pelzigen Kragen etwas unsanft gepackt.
Sie gibt ihn in die bereiten Frauenhände.
Die Fingernägel der Frau sind rot gelackt.

„Genau diesen möchte ich!", ruft sie aus!
Einen Teddybären wünscht sich ihr Kind,
denn so stand es auf dem Wunschzettel,
den es neulich schrieb an das Christkind.

Am Heiligen Abend wartet das Bärchen
nachmittags geduldig unterm Christbaum.
Es war von der Frau ausgewählt worden
und damit erfüllte sich sein großer Traum.

Endlich läutet das Glöckchen vor der Tür.
Die Augen des Kleinkindes sind verzückt,
als es den Teddybären mit braunem Fell,
der dort unterm Christbaum sitzt, erblickt.

Nun hat der Teddy ein richtiges Zuhause
bei einer Familie mit einem kleinen Kind.
Auch Teddybären haben große Wünsche,
wenn sie manchmal ganz verträumt sind.

Sieglinde Seiler *wurde 1950 in Wolframs-Eschenbach, der Stadt des Minnesängers Wolfram von Eschenbach (Bayern), geboren und ist von Beruf Dipl. Verwaltungswirt (FH). Sie lebt mit ihrem Ehemann heute in Crailsheim (Baden-Württemberg). Seit ihrer Jugend schreibt sie Gedichte. Später kamen Aphorismen, Märchen und Prosatexte hinzu. Ferner fotografiert sie gerne. Gedichte, Geschichten und Märchen wurden in diversen Anthologien veröffentlicht.*

Bauchgrummeln

Bianca sitzt auf ihrer Bettkante und hält ihr Kuschelbärchen Christoph ganz fest an sich gedrückt. Christoph hat seine kleinen Ärmchen ausgestreckt und tut so, als könne er dadurch Bianca umarmen. Bianca kullern kleine Tränen über ihre Wangen. Sie laufen bis zum Kinn und tropfen dort ab.

Die eine oder andere Träne fällt dabei auf Christophs Kopf. Ihre Mutti hat sie vor etwa zehn Minuten geweckt, aber weiter als bis auf die Bettkante ist Bianca noch nicht gekommen.

„Na, sag' mal, was ist denn mit dir heute los? Du bist ja noch nicht aufgestanden. Wir wollen doch einkaufen gehen", sagt ihre Mutti, als sie in Biancas Zimmer schaut und das Mädchen im Nachthemd auf der Bettkante sitzen sieht.

„Mein Bärchen ist krank", murmelt Bianca ganz leise.

„Was hat dein Bär denn?", fragt Mutti.

„Pssst, nicht so laut, er erschrickt sich heute leicht. Ihm ist überhaupt nicht gut. Ich glaube, er hat Bauchgrummeln. Und er hat sich am Arm verletzt. Sieh mal hier." Bianca hebt sein linkes Ärmchen und eine leicht aufgeplatzte Naht kommt zum Vorschein. „Das tut ihm bestimmt sehr weh."

„Da hast du recht", erwidert Mutti, „da wird uns nichts weiter übrig bleiben, als mit ihm zum Arzt zu gehen. Der Puppendoktor Albrecht wohnt drei Straßenbahnhaltestellen entfernt in der Stadt. Zieh dich mal an, dann frühstücken wir und anschließend fahren wir zu ihm."

Bianca legt ihr Bärchen vorsichtig auf das Bett, zieht sich an, putzt sich die Zähne und isst ihr Frühstück. Dann sucht sie mit Mutti für Christoph eine Tasche, in die ihr krankes Bärchen passt. Sie nehmen Muttis rote Handtasche und setzen das Bärchen so hinein, dass sein kleines Köpfchen oben herausschauen kann.

„So, Bärchen, jetzt kannst du sehen, was draußen los ist", sagt Bianca, greift die Tasche und los gehts.

Während der Fahrt mit der Straßenbahn hat Bianca einen Sitzplatz am Fenster ergattert. Sie hält die Tasche mit dem Bärchen so, dass auch Christoph aus dem Fenster schauen kann.

An der dritten Haltestelle müssen sie aussteigen. Sie überqueren die Straße an der Ampel und sind kurz darauf beim Puppendoktor Albrecht. Dort klingeln sie, werden eingelassen und sind auch bald beim Herrn Doktor im Behandlungszimmer.

„Na, junges Fräulein, wie kann ich denn helfen?", fragt er Bianca.

„Das hier ist mein Bärchen", antwortet sie und holt dabei ihr Bärchen aus der Tasche. „Er ist mein Ein und Alles. Aber Bärchen ist krank, schwer krank. Heute früh hatte er plötzlich ganz starkes Bauchgrummeln. Und als ich ihn dann im Bett an mich gedrückt hatte, da sehe ich hier unter dem linken Arm diese Stelle." Sie hebt sein linkes Ärmchen und zeigt auf die offene Nahtstelle. „Ich bin ganz traurig. Es tut ihm bestimmt ganz doll weh", setzt sie noch hinzu.

„Ja, ja, das sieht ja gar nicht gut aus", bewertet der Puppendoktor die Verletzung. „Da muss er wohl heute Nacht hierbleiben. Ich werde ihn heute Abend operieren, aber morgen ist er wieder gesund, dann kannst du ihn wieder abholen."

„Ist er dann ganz bestimmt wieder gesund?", fragt Bianca vorsichtshalber noch mal nach.

„Darauf kannst du dich verlassen", bestätigt der Puppendoktor seine Diagnose. „Am Besten ist, du verabschiedest dich jetzt von Bärchen und morgen um die gleiche Zeit sehen wir uns wieder. Dein Bärchen wird von der Operation nichts merken. Er ist bei mir in guten Händen. Ich verstehe mich mit kleinen Bärchen besonders gut. Meine beiden Enkelkinder haben auch jeder ein Bärchen. Die müssen so manches Mal in meiner Puppendoktor-Praxis geheilt werden. Und hinterher sind die beiden Kerle fit wie ein Turnschuh."

Bianca umfasst ihren Bären ganz kräftig, sagt ihm, dass sie ganz fest an ihn denkt und ihn morgen pünktlich wieder abholen wird. Dann drückt sie ihm noch ein Küsschen auf, streichelt seinen Arm und setzt ihn auf den Sessel im Sprechzimmer. Sie geht zur Tür, winkt ihm zu und geht. Sie geht mit schwerem Herzen und einem kullernden Tränchen aus dem Zimmer.

Der Tag und die Nacht werden für Bianca schwer. Tagsüber denkt sie an ihr krankes Bärchen und das Einschlafen am Abend ist besonders schwierig. Ohne Bärchen im Arm dauert es sehr, sehr lange, ehe ihre Augen vor Müdigkeit zufallen.

Am nächsten Tag gibt es für Bianca und ihre Mutti nichts Wichtigeres, als zum Puppendoktor Albrecht zu fahren und ihr Bärchen wieder in den Arm zu schließen und abzuholen.

Bianca ist über die überstandene Operation bei Bärchen so glücklich, dass sie nicht nur ihr Bärchen drückt, sondern auch den Puppendoktor Albrecht umarmt und so eifrig herzt, dass ihm dabei fast seine Brille von der Nase geschoben wird. Überglücklich setzt sie Bärchen wieder in die mitgebrachte rote Tasche. Die Heimfahrt vergeht wie im Fluge.

Zu Hause bekommt das tapfere Bärchen heute auf Biancas Bett einen Ehrenplatz in der Mitte auf der Bettdecke. Alle anderen Puppen und Stofftiere werden um ihn gesetzt und Bärchen muss erzählen, was er gestern und heute erlebt hat.

Bärchen bekam diesmal vor lauter Aufregung, dass er der Mittelpunkt der Versammlung war, schon wieder Bauchgrummeln.

Charlie Hagist *wurde 1947 in Berlin-Steglitz geboren. Nach Grund- und Oberschule absolvierte er eine Ausbildung zum Bankkaufmann. Während seiner Tätigkeit in der Personalabteilung des Hauses bildete er sich zusätzlich zum Personalfachkaufmann (IHK) weiter. Ehrenamtlich war er als Richter am Amtsgericht Berlin-Tiergarten, am Sozialgericht Berlin und danach am Landessozialgericht Berlin tätig. Charlie Hagist ist verheiratet, hat einen Sohn.*

Teddyreise

Mein Teddybär
ist gar nicht meiner.
Er sollte mal meiner werden,
aber jetzt habe ich
an seiner Stelle
ein Kuscheltierpferd.

Mein Teddybär
erreichte mich nicht mehr.
Vorher fand er
seinen neuen Besitzer.
Dieser hatte in seiner Kindheit
keinen kleinen Teddybär.

Mein Vater
hatte meinen Teddy also nötiger!
Bis heute fährt er immer
mit auf sämtliche Abenteuer.
Neben ihm im Kofferraum
sitzt dabei auch immer
ein Kuscheltierpferd.

Es ist mein Kuscheltierpferd,
denn gemeinsam
gehen wir auf Abenteuer!
Unsere Pflüschies
freuen sich darüber
auch ungeheuer!

Catharina Luisa Ilg, *Baujahr 2005, im Erzgebirge geboren und dort zusammen mit zwei jüngeren Geschwisterkindern aufgewachsen.*

Hannes

Es war gemütlicher Nachmittag, als ihre Oma mit einem Paket in den Händen vor der Tür stand. Sarahs Augen leuchteten vor Freude, als sie das Geschenk auspackte. Ihre Oma hatte ihr einen Teddybären geschenkt. Sarah schloss ihn zum ersten Mal in die Arme. Der Teddybär wurde sofort zu ihrem besten Freund. Er sollte von nun an Hannes heißen. Er hatte einen weichen, flauschigen Pelz und glänzende Knopfaugen, die Sarah sofort in ihren Bann zogen. Die Oma lächelte liebevoll, als sie beobachtete, wie sich eine enge Bindung zwischen Sarah und Hannes entwickelte. Hannes wurde nicht nur ein kuscheliger Begleiter, sondern auch ein Vertrauter, der mit Sarah durch ihre gesamte Kindheit reiste. Das Geschenk der Oma wurde zu einem zeitlosen Symbol der Liebe und Trostes.

Mit den Jahren veränderte sich die Dynamik zwischen Sarah und Hannes. Was einst eine tiefe Verbindung zwischen dem kleinen Mädchen und ihrem Teddybären war, wurde im Laufe der Zeit von den Herausforderungen des Erwachsenwerdens beeinflusst. Hannes, der einst in ihren Armen schlief und Tränen trocknete, wurde immer mehr zur Nebensache. Er fand einen Platz auf dem Regal in ihrem Schlafzimmer. Sein flauschiges Fell verblasste leicht. Die Glanzzeiten, in denen er der wichtigste Verbündete von Sarah war, schienen vergangen zu sein. Die Bindung zu Hannes ließ nicht aus Mangel an Zuneigung nach, sondern durch die natürliche Entwicklung des Lebens. Hannes wurde zu einer Erinnerung an eine sorglose Zeit. Trotzdem behielt er einen besonderen Platz im Herzen von Sarah. In Momenten der Nostalgie und der Ruhe konnte sie noch immer zu ihm greifen und sich an die unschuldigen Tage ihrer Kindheit erinnern. Auch wenn Hannes zur Nebensache wurde, trug er weiterhin die Spuren ihrer gemeinsamen Geschichte, ein stiller Zeuge vergangener Glücksmomente.

Und dann war er da. Plötzlich und doch nicht unerwartet. Der Tag, an dem Sarahs Oma sie für immer verließ. Seine Knopfaugen beobachteten aufmerksam, wie Tränen über ihre Wangen rollten. In der Stille des Raumes konnte man ihr lautes Schluchzen hören. Sarahs dunkles Haar fiel ungeordnet über ihr Gesicht, während Tränen unaufhaltsam über ihre blassen Wangen rollten. Sie hatte das Gefühl, nie wieder aufhören zu können zu weinen. Das Atmen fiel ihr schwer.

Der Teddybär spürte den Schmerz in der Luft. Die Schwere ihrer Trauer schien den Raum zu erfüllen. Sein kleines Teddyherz schlug metaphorisch im Takt mit den gebrochenen Schwingungen, die von Sarah ausgingen. Sie griff nach Hannes und presste ihn fest an ihre Brust. Sein flauschiges Fell schien die Tränen aufzusaugen, während sie sich an ihn klammerte. Er war für Sarah der letzte Halt in einem stürmischen Meer der Gefühle. Hannes spürte die Wärme ihrer Umarmung. So saßen sie gemeinsam auf dem Sofa. Hannes und Sarah. Getrennt durch die Unsichtbarkeit von emotionalem Schmerz und dennoch durch eine unsichtbare Bindung vereint.

In den einsamen Nächten, wenn die Stille Sarahs Zimmer erfüllte und nur das leise Tick-Tack der Uhr zu hören war, nahm Hannes auf dem Bettrand Platz. Er spürte die Schwere, die sich um Sarahs schlafende Gestalt legte. Seine Knopfaugen beobachteten sie liebevoll, wenn sie sich in ihre Decke wickelte. Und versuchte, sich vor der Kälte der emotionalen Leere zu schützen. Sarah griff nach Hannes. Er wünschte sich, er könnte die Unsicherheit vertreiben, die sich wie ein Schatten über Sarahs Träume legte. Sie drückte ihn fest an sich, als ob sein flauschiges Wesen eine Brücke zu einer Welt bildete, in der Schmerz nachließ.

In den Morgenstunden, wenn die ersten Sonnenstrahlen zögerlich durch die Vorhänge lugten, befand Hennes sich an einem neuen Platz. Auf dem Tisch, neben ihrem Tagebuch. Seine Knopfaugen schienen jeden Gedanken in Sarahs müden Augen aufzusaugen. Er wurde Zeuge von leisen Selbstgesprächen, die in der Stille des Raumes widerhallten. Sarah versuchte verzweifelt, die wirren Gedanken in ihrem Kopf zu ordnen. Hannes fühlte den Druck, den sie auf seine weiche Form ausübte, als sie nach Halt suchte. Er erlebte, wie sie in alten Erinnerungen schwelgte.

Die Tage verstrichen. An jedem einzelnen fuhr Sarah emotional Achterbahn. In den Momenten der Stille hörte er das Rascheln von alten Erinnerungen, die durch ihren Verstand wanderten. Er spürte, wie sie in der Vergangenheit verweilte, eingehüllt in die Nostalgie vergangener Glücksmomente. Manchmal konnte er die Stille hören, wenn sie die Seiten des Fotoalbums durchblätterte. Jedes Bild, ein Echo der verlorenen Zeit. Abends, wenn der Raum von der warmen Glut des Lampenlichts erfüllt war, lauschte Hannes den leisen Gesprächen, die Sarah mit ihm führte. Seine flauschigen Ohren schienen jedes Wort aufzufangen, während sie versuchte, ihre Emotionen in Worte zu fassen. Wiederkehrend war es ein verzweifeltes Flehen um Verständnis. Immer ein stilles Suchen nach Antworten, die er nicht geben konnte.

Doch allmählich begann sich das Kapitel von Sarahs innerem Sturm zu wenden. Hannes spürte die subtilen Veränderungen in der Luft. Der Raum, der einst von Schwere erfüllt war, schien nun einen Hauch von Aufbruch zu atmen. Mit jedem Tag, den die Sonne aufging und unterging, beobachtete Hannes, wie Sarah langsam ihre Kraft wiederfand. In ihren Augen reflektierte sich nicht nur die schmerzhafte Vergangenheit, sondern auch eine aufkeimende Stärke, die aus ihrem Inneren strahlte. Die leisen Gespräche, die Hannes mitverfolgt hatte, nahmen eine neue Wendung. Er hörte nun nicht mehr nur den Schmerz in ihrer Stimme. Er fühlte bei ihr den festen Willen, voranschreiten zu wollen. Die Worte wurden zu einem Versprechen an sich selbst, sich nicht von der Vergangenheit gefangen nehmen zu lassen.

In ihren Augen konnte er die Liebe zu ihrer Oma weiterhin erkennen. Aber das Betrachten der Fotos wurde nicht mehr nur von Traurigkeit begleitet, sondern auch von einem Hauch von Akzeptanz. Und von bedingungsloser Liebe.

Hannes sah, wie Sarah mit jedem durchblätterten Bild einen Schritt näher zur Versöhnung mit ihrem eigenen Schicksal kam. Die Vergangenheit war noch immer präsent. Nun aber schien sie nicht mehr wie ein unüberwindbares Hindernis, sondern vielmehr wie ein Teil ihrer Geschichte, den sie mit einem Hauch von Akzeptanz betrachtete. Sarah schien von einer inneren Ruhe erfüllt zu sein, die lange Zeit vermisst wurde. Ihr Gesicht, das einst von Tränen und Kummer gezeichnet war, trug nun ein leichtes Lächeln.

Hannes beobachtete sie aufmerksam, während sie sich durch den Raum bewegte. Sie schien scheinbar leichter auf den Füßen, als hätte sie eine unsichtbare Last abgeworfen. Das leichte Lächeln auf ihrem

Gesicht war wie ein Sonnenstrahl, der sich durch die Wolken bricht. Hannes fühlte eine tiefe Freude, sie in diesem Moment zu sehen. Hannes spürte eine tiefe Verbindung zu ihr. Er fühlte sich stolz, ein bedeutsamer Teil ihres Heilungsprozesses und an ihrer Seite gewesen zu sein, während sie die Dunkelheit des Verlustes durchlebte. Sein flauschiges Wesen hatte Trost gespendet. Seine stumme Anwesenheit hatte als Zuflucht in den dunklen Stunden gedient.

Als die Sonne wieder in Sarahs Leben zu scheinen begann, war Hannes nicht nur ein Teddybär, sondern ein stiller Freund, der ihr durch die Schatten der Trennung geholfen hatte. Und immer wenn sich erneut ein dunkler Fleck auf die Seele von Sarah legte, das passierte immer, wenn sie in liebevoller Erinnerung an ihre Oma dachte, griff sie nach Hannes' zotteligem Fell und drückte ihn fest an sich.

Simone Lamolla *erblickte 1979 im Bundesland Schleswig-Holstein das Licht der Welt. Sie ließ sich zur Bürokauffrau ausbilden und ist nun seit über 22 Jahren in einer mittelständischen Firma in Norddeutschland als Abteilungsleiterin tätig. In ihrer Freizeit hält sie sich gerne im Kleingarten oder bei langen Spaziergängen an der Ostsee auf. Einige ihrer Kurzgeschichten wurden bereits in Anthologien bei verschiedenen Verlagen veröffentlicht. Man findet sie auf Instagram unter: https://instagram.com/la_mone_hansedeern.*

Die Bärenfamilie im Urlaub

Während Mama Bär Reisekoffer suchte,
Vater Bär eine Reise in die USA buchte.
Gemeinsam hatten sie den Atlas studiert
und überlegten, ob man in Florida friert.

Der Onkel der Bären, fern aus der USA,
war im letzten Jahr schon zu Besuch da.
Er hat gern die Bärenfamilie eingeladen
in sein Haus in den Vereinigten Staaten.

Der Bärenpapa kam sichtlich froh zurück,
rief der Bärenfrau zu: „Wir hatten Glück!
Wir müssen auf einen Flug nicht warten,
denn wir können bereits morgen starten."

Während die Bäreneltern Vorsorge trafen,
waren die Bärenkinder noch am Schlafen.
Mama Bär bügelte glatt ihr Sommerkleid,
denn in Florida war es warm, Sommerzeit.

Vorsorglich packte sie Badeanzüge ein,
denn dort gab es reichlich Sonnenschein.
Das Sonnenöl durfte sie nicht vergessen
und für jeden genug Proviant zum Essen.

Papa Bär wollte mitnehmen seine Hantel
und für kühles Wetter noch einen Mantel.
Mama fragte sich: „Wozu, mit seinem Fell?"
Die Kinder wachten auf. Der Tag war hell.

Jeder einzelne Bär brauchte ein Badetuch
und für die Zeit des Flugs ein Bilderbuch.
Der Bärenpapa nahm seine Angelrute mit,
denn auf frischen Fisch hatten alle Appetit.

Dann suchte Mama Bär ihre große Tasche
und als Gefäß für Milch noch eine Flasche.
Es fehlten noch Milchpulver für einen Brei,
einige Teller, Löffel, Obst … eins, zwei, drei.

Die Bärenkinder holten noch Spielsachen.
Als sie das sah, musste ihre Mama lachen,
rief ihnen zu: „Was ihr einpackt, ist zu viel!
Wir können doch nur mitnehmen ein Spiel."

Das Reisegepäck war fertig – alles bereit,
bis schließlich zum Aufbruch rief die Zeit.
Ausgeschlafen brach die Bärenfamilie auf
und der Bärenurlaub nahm seinen Verlauf.

Das Flugzeug war am Rollfeld am Warten.
Sie konnten pünktlich zur Flugreise starten.
Der Moment des Abflugs war so interessant.
Elf Stunden dauerte der Flug ins ferne Land.

Dort wurden sie von Onkel Bär empfangen.
Im Auto konnten sie in sein Haus gelangen.
Das Essen dort fanden die Bären ganz toll.
Hungrig schlugen sie sich den Magen voll.

Der Onkel hatte leider nur ein Bärenkind.
Die Bärchen freundeten sich an geschwind.
Leider hatten sie zum Spielen nicht viel Zeit.
Sehenswürdigkeiten waren entfernt sehr weit.

Hochhäuser hatten sie in Büchern gesehen
und planten deshalb, eine Runde zu drehen
und auch mit einem Fahrstuhl dort zu fahren,
um sich daran noch zu erinnern nach Jahren.

Die USA war interessant, weil es Wüsten gab.
Die Niagarafälle stürzten sich von oben hinab.
Selbst hohe Berge türmten sich vor ihnen auf
und sehr breit und lang war der Mississippilauf.

Nach all dem vielen, was die Bären gesehen,
kam für sie der Tag, um wieder heimzugehen.
Abreise – Mama Bär freute sich auf zu Hause,
versprach dem Onkel eine Wiedersehenssause.

Sieglinde Seiler *wurde 1950 in Wolframs-Eschenbach, der Stadt des Minnesängers Wolfram von Eschenbach (Bayern), geboren und ist von Beruf Dipl. Verwaltungswirt (FH). Sie lebt mit ihrem Ehemann heute in Crailsheim (Baden-Württemberg). Seit ihrer Jugend schreibt sie Gedichte. Später kamen Aphorismen, Märchen und Prosatexte hinzu. Ferner fotografiert sie gerne. Gedichte, Geschichten und Märchen wurden in diversen Anthologien veröffentlicht.*

Das Wunderbärchen

Es war einmal ein altes Schloss, in dem der König und die Königin zusammen mit ihren Haustieren, dem Hund Schnutty und der Katze Feyli, lebten. Enia, das Dienstmädchen der Majestäten, ging eines schönen Tages in den Schlosspark, um Blumen für die Kaffeetafel am Nachmittag zu pflücken. Auf einmal sah sie etwas durchs Gebüsch streifen. Was war das? Enia nahm all ihren Mut zusammen und schob mit zittrigen Fingern die Äste, die vor der Hecke lagen, beiseite. Kleine, schwarze Knopfaugen schauten sie neugierig an.

„Na, wer bist denn du?", fragte Enia nun schon etwas erleichtert, nachdem sie in diese süßen Augen geschaut hatte.

„Ich bin Eddy. Wie heißt du?"

„Ich bin Enia."

„Wohnst du hier?", wollte dieses niedliche Bärchen nun wissen.

„Ja, ich arbeite als Dienstmädchen für den König und für die Königin. Als Belohnung darf ich hier wohnen."

„Ui, in so einem schönen Schloss. Wow." Eddy sah fasziniert zu dem großen Gebäude im Hintergrund.

„Es ist schön, ja. Aber ich bin auch viel alleine."

„Na, jetzt hast du ja mich, Enia."

Enia lächelte und strich Eddy über sein kleines, rotes Samtmäntelchen. „Das fühlt sich schön flauschig an, Eddy."

„Ist mein Wundermantel. Der ist ganz besonders."

„Was ist denn ein Wundermantel?" Enia war neugierig.

„Ich bin nicht irgendein Teddybär. Ich bin ein Wunderbärchen. Wenn ich meinen Mantel anhabe, habe ich magische Kräfte. Ich kann Wunder bringen. Ich kann zum Beispiel Medizin damit herbeihexen."

Das hörte Enia zum ersten Mal. „Was hast du denn schon alles gemacht?"

„Ich habe Menschen von Krankheiten geheilt oder Tiere vor Jägern beschützt. Auch Unfälle konnte ich verhindern."

„Wow, das ist eine tolle Gabe. Dich braucht man in seiner Nähe."
„Ruf mich einfach und ich helfe dir. Du bist eine gute Freundin, Enia. Deshalb helfe ich dir. Ich helfe nämlich nur lieben Menschen auf der Welt."
„Das ist schön, Eddy. Ich muss jetzt los. Der König und die Königin erwarten mich bestimmt schon."
„Bis bald, Enia." Eddy winkte seiner neuen Freundin hinterher, bevor er wieder zurück ins Gebüsch ging. Es war ein gemütliches Zuhause für Eddy. Die Blätter boten ihm Schutz und ein warmes Bett.

„Wo bist du gewesen?" Die Königin sah Enia ernst an.
„Ich war im Schlossgarten und habe Blumen gepflückt." Enia hielt den Strauß in die Höhe.
„Das kann doch so lange nicht gedauert haben. Wir brauchen dich hier. Du musst in Zukunft schneller sein."
„Ich habe Eddy, einen Wunderbären, getroffen."
„Du spinnst, Enia. Wunderbären gibt es nicht. Ich möchte nie wieder solch faule Ausreden hören. Ist das klar?"
Enia nickte traurig, wollte schon in ihre Kammer gehen, als der König zu seiner Frau kam und ihr sagte, dass die ersten Kaffeegäste bereits da seien.
„Enia, deck schnell die Tafel ein. Wir dürfen unsere Gäste nicht lange warten lassen. Beeil dich gefälligst."
Enia tat, was die Königin befahl.
Danach ging sie in ihre Kammer, warf sich auf ihr Bett und fing an zu weinen. Ständig war das Königspaar so streng mit ihr: „Räum hier auf und räum da auf. ... Deck den Tisch, aber schnell. ... Enia, wieso geht das denn nicht noch schneller. ... Streng dich mal an."
Es wurde Herbst und die Blätter fielen von den Bäumen. Jetzt kuschelte Eddy sich noch mehr ins Laub ein. Der Herbst war aber auch die Zeit, in der Eddy wieder viele kranke Menschen im Krankenhaus besuchte, weil sie jetzt wieder häufiger krank wurden.
Eines Morgens rief die Königin das Dienstmädchen aufgeregt zu sich. „Mein Mann ist krank. Ich glaube, er hat eine Lungenentzündung. Ruf den Arzt."
Enia rief den Hofarzt. Er bestätigte der Königin, was sie schon vermutet hatte. „Er braucht jetzt viel Ruhe. Ich sehe morgen wieder nach ihm."

Am nächsten Tag allerdings verschlechterte sich sein Zustand so stark, dass er operiert werden musste. Als Enia das hörte, rannte sie sofort in den Schlossgarten und rief Eddy.

„Enia, was ist los?"

„Seiner Majestät geht es schlechter. Die Lunge erholt sich noch nicht. Kannst du da etwas machen?"

„Bestimmt. Lass mich mal sehen." Eddy kramte in seinem Wundermantel.

Eine Sache beschäftigte Enia aber auch noch. „Eddy, kannst du dafür sorgen, dass das Königspaar nicht mehr so gemein zu mir ist?"

Eddy machte große Augen. „Warum sind die beiden gemein zu dir? Ich helfe nur netten Leuten."

„Na ja, sie sind sehr streng, wenn es um die tägliche Arbeit geht. Nichts geht schnell genug und ständig nörgeln sie herum und meinen, dass ich mich mehr anstrengen soll."

„Na, das geht jetzt aber zu weit. Streng sind sie, sagst du?"

Enia nickte traurig, streichelte dann aber über Eddys flauschiges Köpfchen.

„Nimmst du mich mit ins Schloss? Ich habe einen Wundertrank gegen böse Lungen und eine Lektion für strenge Majestäten." Eddy sprang Enia auf den Schoß.

„Majestät?", rief Enia, als sie den großen Saal betrat.

„Enia, sei nicht so laut. Mein Mann braucht seine Ruhe."

„Ich habe jemanden mitgebracht, der helfen kann." Enia zeigte der Königin den kleinen Bären.

„Das kleine Ding soll helfen?"

„Sag mal, wie redest du denn mit mir?" Eddy sah die Königin jetzt böse an.

„Der kann ja sprechen!"

„Natürlich und ich kann noch viel mehr. Ich habe diesen Wundertrank für deinen Mann."

„Das ist Eddy, der Wunderbär, den ich neulich im Park getroffen habe."

Jetzt verschlug es Ihrer Majestät die Sprache.

Eddy rannte zum Schlafzimmer, in dem der König lag. Enia und die Königin sahen dem Bärchen hinterher. „Hier habe ich einen Wundertrank für dich. Trink ihn und du bist schnell wieder gesund."

Der König nahm verwundert das kleine Fläschchen entgegen und trank den ersten Schluck. Und plötzlich stand der König auf, nachdem er alles ausgetrunken hatte. „Ich fühle mich gut. Ich bin wieder völlig gesund." Er bedankte sich bei Eddy und fragte ihn, ob er ihm irgendeinen Wunsch erfüllen könne. „Ich bin zwar kein Wunderbär und zaubern kann ich auch nicht, aber ich habe viel Geld", sagte seine Majestät.

„Geld brauche ich nicht, aber mein Wunsch ist es, dass ihr meine Freundin Enia zukünftig netter behandelt. Sie ist immer so fleißig und einfach so lieb." Eddy zwinkerte Enia zu.

„Das werden wir. Das verspreche ich", sagte der König und seine Frau nickte zustimmend.

„Und ihr wisst ja, was ein Versprechen bedeutet." Eddy schaute abwartend zuerst den König und dann die Königin an.

„Natürlich."

Eddy rannte zu Enia. „So, Mission für heute erfüllt. Bring mich bitte wieder nach draußen, Enia."

Enia wollte schon mit Eddy fortgehen, als Eddy noch eine Sache einfiel und er sich noch einmal dem Königspaar zuwandte. „Halt, wartet. Vergesst nicht, dass in der Ruhe die Kraft liegt. Meine Wundermittel kommen nur in meinen Mantel, wenn ich nachts gut schlafe und ich mir meine Ruhe gönne." Dann ging er mit Enia hinaus in den Schlosspark.

Lisa Marie Kormann *hat bisher folgende Bücher geschrieben: „Mord in der Tanzschule", „Stella - Die Sternschildkröte", „Worldstories - Lesen, lieben, lachen", „Marions Delfingeschichten", „Der Kammerkiller". Sie ist außerdem ausgebildete Schreibpädagogin und bietet in ihrer Schreibschule Buchstabeninsel regelmäßig Schreibkurse an. Als Kind der See setzt sie sich als Patin und Botschafterin für den Meeres- und Tierschutz ein. Nähere Infos auch unter www.limakormann.wixsite.com/lima.*

Der Teddyladen

Der Teddy schaut im Laden umher,
Hofft, bald erwählt zu werden sehr.
Jedes Kind geht kommentarlos vorbei,
Doch nur der Junge mit dem blonden Haar,
Er wählt den Teddy aus – sicher er war.

Ladislaja Winter, *geboren 1999, wohnt in der Nähe von Stuttgart. Neben dem Schreiben zeichnet sie gerne oder verbringt Zeit mit ihrer Familie.*

Mehr als einen Steinwurf entfernt

Besonders an Allerheiligen, wenn sie die Gräber ihrer Angehörigen gegossen und die Bepflanzung getrimmt haben, die Inschriften vom Schmutz der Schlechtwettermonate gereinigt sind, munkeln die Besucher hinter den Mauern des hiesigen Friedhofs über Ruperts Vergangenheit. Sein Stammplatz ist das verwitterte Bänkchen ganz in der Nähe der Kindergräber. Von da hat Rupert Sicht auf die Grabsteine der in frühen Stadien gestorbenen Kinder, die teils bereits als Babys von ihren Eltern beerdigt werden mussten. Mit gefalteten Händen und einem andächtigen Ausdruck in seinem wettergegerbten Gesicht, das von weißgrauen Schläfen eingerahmt wird, mit einer tief in die zerfurchte Stirn hinabgeschobenen Kapitänsmütze, erscheint er als Zaungast im Abseits der schluchzenden Mütter und tröstenden Väter und bleibt hier oft über Stunden.

Während seine Lippen beben, blickt er starr auf die Windräder, die von einem aufziehenden Lüftchen betrieben, allmählich in Schwung kommen und bald unentwegt kreiseln.

Durch das antike Mikrofon meldet sich die blecherne Stimme des Pfarrers mit Bachs Kantate *Ach wie flüchtig, ach wie nichtig*. Wie begrenzt die Spanne sei, binnen der er seine Sünden sühnen könne, kommt Rupert in den Sinn. Der danebensitzende Julius reicht ihm ein Taschentuch für seine laufende Nase.

Gierig schaut Rupert jetzt auf die vorgebeugt stehenden, teils sogar knienden und mehrheitlich schwarz angezogenen Besucher. Die überschüssige Haut an Ruperts Hals hängt in Ruhe wie ein unnützlicher Lappen, doch sobald er spricht, erbebt sie. Beinah beschwingt denkt Rupert, dem sein Stolz einen eigentlich längst überfälligen Rollator verbietet, an seine Seefahrertage zurück, an denen er noch nicht um seinen Bodo trauern musste.

Möglicherweise, so vermutet Julius, ist der Verzicht auf Gehhilfen Ruperts Selbstbestrafung für den unsäglichen Umgang mit Bodo. „Ihnen fehlt die Zuversicht, Bodo wiederzusehen", nuschelt Julius.

Nach dieser Zusammenfassung schnäuzt der Greis nun Rotz und Tränen in das ihm zuvor gereichte Taschentuch. Der Verlust Bodos quält, das Leben ohne ihn ist eine Folter.

In das allseitige Schluchzen vor Wut und aus Ohnmacht setzt der Pfarrer seinen Fuß. Bei seinem Gang durch die Grabreihen vernachlässigt er auch die Kindergräber nicht.

Rupert keucht.

Julius legt seinen Arm um dessen Schulter: „Bleiben Sie sitzen, Herr Stahl, springen Sie mir bitte nicht auf", mahnt Julius so einfühlsam, wie es Ruperts Verfassung verlangt. „Weinen Sie nur, vor mir brauchen Sie sich nicht zu genieren", schickt er gleich noch nach. Wie bleich Rupert wird, während er sich in das zwischen den Gräbern verteilte Mosaik aus Abertausend Kieselsteinen verliert, entgeht auch Julius nicht, deshalb fragt er: „Ist ihnen schwindelig?"

Rupert taumelt selbst im Sitzen. Julius gleicht sein Wanken aus.

„Es geht schon", raunt Rupert, der eingesehen hat, wie unangebracht es wäre, wenn er sich bei der Segnung dem Pulk der Eltern hinzugesellen würde.

In der getragenen Atmosphäre der Trauerzeremonie, die fortlaufend ihrem Höhepunkt entgegenstrebt, kommt Julius die Seebestattung Bodos in den Sinn.

Was für eine anrührende Festlichkeit das damals war. Und er mittendrin. Aus Mitleid. Den nach seinem Bettsturz nichts als siechenden Bodo hatte er zusammen mit Rupert auf die Reling gehievt und in den Ozean geschubst. War das ein Akt! Zutiefst unangenehm war Julius der Schmuggel auf den Dampfer gewesen, jedoch unbedingt erforderlich für Rupert. Wie ein Schleuser war Julius sich vorgekommen bei dem Wochenendtrip, den Ruperts erwachsene Kinder finanziert hatten.

Julius' Gedanken gehen im Schein der unzähligen Kerzenflammen zurück zu Bodo. Er musste ihn im Vorfeld in den Koffer quetschen. Noch heute durchfährt ihn ein Schauer, wenn er zurückdenkt, wie er bei der Begrüßung des Kapitäns bangte, der zum Bersten gespannte Reißverschluss möge nicht aufgehen.

„Sie wirken so nervös, Herr Stahl. Soll ich Ihnen noch eine Tablette geben, in meinem Beutel hätte ich noch welche."

Rupert schüttelt den Kopf. Seit dem Ausflug mit dem alten Mann in die Hafenstadt, wo er einst gewohnt hatte, in der er ein anerkannter Matrose gewesen war, gilt Julius in Kollegenkreisen in diskutabler Weise als fortschrittlich.

Der Pfarrer ist mittlerweile in einen anderen Friedhofsbezirk verschwunden, seine Stimme hier verebbt, die Säuglinge aber haben ihren Segen, und um diesen geht es auch Rupert für seinen Bodo jedes Jahr aufs Neue. Ein Weihrauchduft liegt dicht über dem Boden, verursacht einen fahlen Geschmack auf Ruperts Gaumen. In der Ferne scheppert noch der geschwenkte Kessel.

Die zwangsläufige Konfrontation mit Sterblichkeit auf Friedhöfen bringt Rupert zu der Frage: „Denkst du, wir haben Bodo einen Gefallen getan?"

„Das haben wir."

„Glaubst du wirklich daran?"

„Ganz bestimmt, Herr Stahl."

„Denkst du, er wird eines Tages auferstehen?"

„Irgendwann vielleicht. Nichts ist unmöglich."

„Bodo war so gesund. Der Sturz aus dem Bett hat ihn kaputtgemacht."

„Tja, Herr Stahl."

„In seinem Zustand hätte er nur noch gelitten."

„Mit Ihrer Entscheidung haben sie ihm das Leid genommen."

„Die Seebestattung war in deinen Augen …"

„… goldrichtig, Herr Stahl."

„Heilige Maria, Mutter Gottes …", hört Julius Rupert jetzt beten. „Aus Liebe zu Bodo", erklärt ihm der Greis.

Ob die anderen Gäste an Bord wahrlich nichts mitbekommen oder die Tat gar willentlich übergangen hatten, würde Julius nie erfahren. Erleichtert war er aber allemal, nachdem die Meeresoberfläche Bodo verschluckt hatte.

Ruperts Mund ist trocken, seine Stimme belegt. Für eine Weile ringt er um Worte und findet sie schließlich: „Ich habe ihm das Leben genommen, verstehst du das, Julius?"

„Und ich habe Sie dabei unterstützt."

Zur Ablenkung hatte Rupert unmittelbar nach dem Delikt den halben Souvenirladen leergekauft. Als die letzten offiziellen Töne des Allerheiligennachmittags verklungen sind, hilft Julius Rupert, dessen linkes Auge inzwischen ein Glasauge ist, von der Bank auf die Beine. Seit der Schiffsreise hat Julius einen Sonderstatus bei ihm.

Kleine Gruppen trauernder Eltern stecken noch eine Zeit lang ihre Köpfe zusammen und tuscheln über dies und das. Nachdem sie allesamt abgetreten sind, wagt sich Rupert an ein unbestimmtes Grab. Für den Moment, indem er es mit Weihwasser besprenkelt, gelingt es ihm zu denken, in ihm läge Bodo.

Julius bringt Rupert nicht nur nach Hause, sondern auch unverzüglich zu Bett. Und während der bei aufgerichteter Kopfstütze von seinem Tablett Lyoner mit Zwiebelringen und dazu eine Scheibe Butterbrot verspeist, zieht Pfleger Julius die Jalousie herunter. Sein Dienstende naht. Wie Julius den nach seinem Pflegebettunfall im Seniorenheim lebensuntüchtig gewordenen Bären Bodo aufgetrennt, dessen Magen mit Steinen befüllt, ihn wieder zugeflickt und ausreichend beschwert, schlussendlich im Meer versenkt hatte ...

Die Erfahrung mit Rupert, der seine Sehnsucht nach der fernen Hafenstadt wohl bis zu seinem Tod nicht mehr direkt vor Ort stillen können wird, ist eine jener Geschichten, die Julius in den Feierabend hinein begleitet.

Oliver Fahn *wurde 1980 im oberbayerischen Pfaffenhofen an der Ilm geboren. Der verheiratete Heilerziehungspfleger und ehemalige Langstreckenläufer ist stolzer Vater zweier Jungs. Schreiben ist für ihn die beste Strategie, um Dinge zu ordnen und zu verarbeiten, die im oft so chaotischen Leben geschehen. Fahn verfasst regelmäßig Beiträge für Kulturmagazine und Anthologien. Unter anderem wurden seine Texte bei experimenta, etcetera, ausreißer, von der Stadt St. Pölten und der Friedrich-Naumann-Stiftung veröffentlicht.*

Ein Tag im Spielzeugland

In einer weit entfernten, zauberhaften Welt lebte ein kleiner Teddybär namens Timmy. Timmy war kein gewöhnlicher Teddy: Er hatte weiches, honiggelbes Fell und leuchtende schwarze Knopfaugen, die immer freundlich aussahen. Um seinen Hals trug er ein rot-weiß kariertes Halstuch, das ihn richtig niedlich machte.

Timmy wohnte im Spielzeugland, einem magischen Ort, der wie aus einem Kindertraum zu sein schien. Dort gab es Berge aus kuscheligen Stofftieren, Flüsse aus glitzernden Murmeln und Wälder aus bunten Bauklötzen. Der Himmel war immer blau und die Wolken sahen aus wie Zuckerwatte.

Wenn die Kinder schliefen und es still wurde, erwachte das Spielzeugland zum Leben. Die Stofftiere plauderten, Zinnsoldaten marschierten und Puppen tanzten in hübschen Kleidern. Es gab zauberhafte Reisen, Märchenschlösser, tapfere Ritter und fliegende Feen.

An einem sonnigen Morgen, als die Sonnenstrahlen ins Spielzimmer tanzten, wachte Timmy auf. Ein neuer, spannender Tag hatte begonnen! Timmy gähnte und streckte sich in seinem Bett, das aus einem umgedrehten Schuhkarton mit weichen Stoffresten bestand.

Timmy war heute voller Abenteuerlust. „Das wird ein Tag für ein riesiges Abenteuer!", dachte er begeistert.

Er wollte sich auf diesen spannenden Tag vorbereiten und holte seinen Lieblingsfliegeranzug aus dem Schrank. Der Anzug schimmerte silbern und hatte richtig coole Streifen in Rot und Blau an den Ärmeln und Beinen. Timmy zog ihn ganz sorgfältig an, achtete darauf, dass alles perfekt passte, und bewunderte dann den tollen goldenen Knopf an der Vorderseite.

Anschließend lief Timmy zu seiner besten Freundin, der Plüschkatze Lila. Sie lebte in einem zauberhaften Puppenhaus am anderen Ende seines Zimmers. Als er dort ankam, war Lila mitten in einer Teeparty. Sie hatte ihre allerschönste Tischdecke mit süßen Blümchen darauf ausgebreitet. Auf dem Tischchen standen winzige Tassen und Tellerchen, alles perfekt vorbereitet für eine richtig gemütliche Teerunde.

Als Timmy bei seiner Freundin Lila ankam, empfing sie ihn mit ihrem allerschönsten Lächeln. Lila war eine bezaubernde Plüschkatze mit kuscheligem, lila Fell und großen, funkelnden Augen. Heute sah sie noch entzückender aus als sonst – geschmückt mit einer kleinen, perlmuttfarbenen Halskette und einer niedlichen rosa Schleife auf dem Kopf.

Zusammen nahmen sie am kleinen Tisch Platz und schlürften genüsslich eine Tasse herrlich duftenden Himbeertee. Der Tee dampfte in den Porzellantassen, die perfekt für ihre plüschigen Pfötchen waren. Als köstliche Beigabe knabberten sie Kekse in Form von putzigen Mäuschen, verziert mit winzigen Mandelohren und fröhlichen Zuckergussaugen. Sie lachten und unterhielten sich fröhlich, während sie genüsslich ihren Tee schlürften und die köstlichen Kekse aßen.

„Dein Tee ist einfach himmlisch, Lila! Hast du was Neues probiert?", fragte Timmy neugierig.

Lila kicherte vergnügt. „Es ist immer noch der gleiche Himbeertee. Aber ich habe ein kleines Geheimnis, ein bisschen Zauberpulver macht ihn besonders lecker!"

„Zauberpulver?", wiederholte Timmy beeindruckt. „Das klingt ja spannend! Und die Kekse sehen aus wie echte Mäuse!"

„Die habe ich selbst gebacken", sagte Lila stolz. „Ich dachte, es wäre lustig, sie wie Mäuse zu formen. Schön, dass sie dir schmecken! Was hast du heute vor, Timmy?"

„Ich will heute ein richtig großes Abenteuer erleben", erklärte Timmy entschlossen. „Ich habe meinen Fliegeranzug an, also bin ich für alles gewappnet! Vielleicht entdecke ich einen Schatz oder begegne einer geheimnisvollen Spielzeugkreatur."

„Das hört sich aufregend an", strahlte Lila. „Ich wünsche dir ganz viel Spaß, Timmy! Und erzähl mir nachher alles!"

Nach der gemütlichen Teezeit mit Lila machte sich Timmy auf den Weg zum Spielzeugpark. Dieser Park war ein wunderbarer Ort im Herzen des Spielzeuglands, wo sich alle Spielzeuge trafen, um zusammen Spaß zu haben.

Als Timmy im Spielzeugpark ankam, war er gleich hin und weg von all den leuchtenden Farben und den fröhlichen Geräuschen.

Überall wehten bunte Fahnen im Wind, und die anderen Spielzeuge tollten und lachten umher. In der Mitte des Parks thronte eine riesige Rutsche, die wie ein großer Regenbogen aussah. Sie war aus schillernden, bunten Kunststoffteilen gefertigt und schlängelte sich wie ein farbenfroher Drache spielerisch in Richtung Wolken.

Timmy war ganz aufgeregt und kletterte flink die Rutsche hinauf. Sie ragte so hoch in den Himmel, dass er das Gefühl hatte, fast die Wolken berühren zu können. Oben angekommen, setzte er sich kurz hin und sauste dann mit einem fröhlichen Quietschen nach unten. Der Wind strich durch sein weiches Fell und er nahm immer mehr Fahrt auf, bis er schließlich mit einem freudigen Sprung im weichen Gras am Fuß der Rutsche landete.

Während seines Spiels im Park machte Timmy eine neue Bekanntschaft – mit einem Holzroboter namens Robby. Robby war etwas ganz Besonderes mit seinen glatten, kunstvoll geschnitzten Holzarmen und -beinen und seinen kleinen Augen, die wie Sterne leuchteten. Er sprach mit einer freundlichen, leicht mechanischen Stimme und bewegte sich auf eine faszinierende, ganz eigene Weise.

Timmy und Robby verstanden sich sofort und verbrachten einen herrlichen Nachmittag miteinander. Sie tollten herum und lachten, während die Sonne langsam über dem Spielzeugland unterging und den Himmel in ein Meer aus wunderschönen Farben tauchte. Es war ein unvergesslicher Tag voller Spaß und neu geknüpfter Freundschaften.

Als der Tag im Spielzeugland dem Ende zuging, begann ein ganz besonderes Ereignis. Alle Spielzeuge zogen zu einem zauberhaften kleinen Teich, der im Herzen des Landes versteckt lag. Dieser Teich war ein magischer Ort, umringt von sanft wogenden Gräsern und farbenfrohen Blumen, die in der Abendsonne strahlten. Am Ufer tanzten kleine, handgefertigte Boote auf den leichten Wellen und glitzerten im Abendlicht wie Schätze aus einer Piratengeschichte.

Spielzeuge aller Art versammelten sich, um das Schauspiel des Sonnenuntergangs zu genießen. Kuschelige Teddybären, schimmernde Zinnsoldaten, zauberhafte Puppen und viele mehr trafen am Ufer ein. Jedes und jeder brachte etwas mit, um es sich bequem zu machen: kleine Decken, flauschige Kissen und sogar winzige Picknickkörbe gefüllt mit leckeren Kleinigkeiten, perfekt für die Hände der Spielzeuge.

Als die letzten Sonnenstrahlen hinter dem Horizont verschwanden und der Himmel sich in ein funkelndes Sternenmeer verwandelte, senkte sich eine zauberhafte Ruhe über den Teich im Spielzeugland. Die Spielzeuge saßen zusammen, eingehüllt in die sanfte Dunkelheit des Abends, und genossen die friedvolle Stimmung.

Dieser stille Moment der Ruhe und des Friedens, in dem alle gemeinsam den Tag ausklingen ließen, war etwas ganz Besonderes. Ein Spielzeug nach dem anderen erhob sich, sie verabschiedeten sich mit freundlichen Worten voneinander und traten ihren Weg zurück zu ihren kuscheligen Schlafplätzen an.

Für Timmy war dieser ruhige Ausklang am Teich der perfekte Abschluss eines aufregenden und fröhlichen Tages. Mit einem zufriedenen Lächeln auf den Lippen und einem Gefühl von Wärme im Herzen machte er sich auch auf den Heimweg.

In seinem gemütlichen Bettchen angekommen, kuschelte sich Timmy in seine weichen Decken und schloss seine Augen, bereit, in das Land der Träume zu reisen, wo schon sein nächstes großes Abenteuer auf ihn wartete.

Volker Liebelt, *Jahrgang 1966, lebt in dem idyllischen Öhringen, einer Stadt, die seine Inspiration und Heimat gleichermaßen ist. Sein Schreibstil zeichnet sich durch die Fähigkeit aus, lebendige Bilder und Emotionen zu erzeugen, die die Leser tief in die Handlung eintauchen lassen. Die Liebe zur Natur und die Faszination für das Übernatürliche sind wiederkehrende Themen in seinen Geschichten, die oft von märchenhaften Orten und wundersamen Begegnungen geprägt sind.*

Der Teddybär

Der angesabberte Teddybär
hat genug, er mag nicht mehr.
Ihm fehlt ein Ohr, ein Aug' ist lose,
zerrissen die einst hübsche Hose.

Er geht zurück in die Spielzeugfabrik.
Sein Auftritt dort ist nicht sehr schick.
„Ich will nochmals von vorn anfangen",
ruft er stolz mit glühenden Wangen.

Er sagt: „Ich geb mich selbst zurück!"
Dann sieht er ein: Das ist verrückt.
„Ein Auslaufmodell bist du – zu alt",
erklärt der Sachbearbeiter kalt.

Teddy geht aufs College – es muss her
eine Umschulung zum Preiselbär.
Beim Infoabend flüstert sein Nachbar:
„Das ist genetisch noch nicht machbar."

Oh Gott! Irgendwann muss dieser Idealist
ein Plätzchen finden, wo er glücklich ist!
Wo man ihn aufnimmt, so wie er ist –
auch wenn der Reim derselbe ist.

Teddy gelangt in den finsteren Wald.
Er ist einsam, doch dann trifft er bald
eine Herde von plüschernen Rehen –
nun wird er glücklich, ihr werdet sehen!

Bernd Watzka *lebt und arbeitet in Wien als Lyriker, Dramatiker und Kulturjournalist. Infos: facebook.com/bernd.watzka.*

Äffchen, Bärchen und Puppi

Thea ist sehr müde. Gleich nach dem Gutenachtsagen ihrer Eltern drückt sie ihre drei Kuschelwesen an sich und schläft sofort ein. So bekommt sie gar nicht mit, was sich in ihrem Bettchen abspielt.

Kaum ist das Licht ausgeknipst, beginnt ihr Äffchen, das Bärchen zur Seite zu drücken. „Hey, Dicker, mach doch mal Platz", flüstert Äffchen. „Du hast schon gestern die ganze Nacht fest in Theas Arm gelegen und ich musste weitab liegen. Ich konnte die ganze Nacht nicht schlafen."

„Ist doch dein Problem", erwidert der Bär, „wenn du aufgepasst hättest, als Thea sich hingelegt hatte, dann hätte sie dich als erstes gegriffen. Du hättest dich nur vordrängeln müssen. Musst du eben morgen Abend aufpassen."

Nun wird das Äffchen wütend, und beide streiten sich heftig.

„Also jetzt ist aber gut", mischt sich Puppi ein. Theas Puppe, die ein freundliches Gesicht hat, ist jeden Tag die Verliererin. Denn sie muss immer außerhalb der Bettdecke liegen. „Wenn ihr weiter solch ein Gezeter macht, wird Thea noch wach. Und dann werden wir alle drei bestimmt aus dem Bett gedrängt. Dann will sie keinen von uns mehr bei sich haben."

Doch den Bären kümmern die Worte nicht. Er macht sich breiter und breiter. Der Affe wird immer mehr zur Bettkante gedrückt. Krampfhaft versucht er, sich an Theas Decke festzuhalten. Aber mit der Zeit verlassen ihn die Kräfte. Und dann geschieht es: Das Äffchen fällt zu Boden. Zum Glück liegt dort wenigstens ein dicker Teppich.

Jetzt ist Puppi diejenige, die zetert. „Du spinnst wohl!", ruft sie entgeistert. „Wie kannst du dem Affen so etwas antun? Er ist doch nicht mehr der Jüngste! Den hat schon Theas Papa gehabt. Und außerdem – sind wir nicht Freunde? Haben wir uns nicht vor langer Zeit geschworen, alles zusammen zu machen und aufeinander achtzugeben?"

Da bekommt das Bärchen ein schlechtes Gewissen. Doch bevor er antworten kann, geht die Tür auf und Mama kommt herein, um nach Thea zu sehen. Dabei entdeckt sie Äffchen auf dem Teppich liegen. Vorsichtig nimmt sie das Kuscheltier auf und legt es ganz dicht an Thea heran.

Der Bär ist inzwischen zur Vernunft gekommen. „Tut mir leid, Äffchen", entschuldigt er sich, „das kommt nicht wieder vor. Und morgen, wenn Thea aufgestanden ist, werden wir beraten, wie wir in der nächsten Zeit bei Thea liegen wollen."

Damit sind alle drei einverstanden. So kehrt wieder Ruhe ein in Theas Bett und kurze Zeit später ist sie nicht die Einzige, die wohlig schläft …

Charlie Hagist *wurde 1947 in Berlin-Steglitz geboren. Nach Grund- und Oberschule absolvierte er eine Ausbildung zum Bankkaufmann. Während seiner Tätigkeit in der Personalabteilung des Hauses bildete er sich zusätzlich zum Personalfachkaufmann (IHK) weiter. Ehrenamtlich war er als Richter am Amtsgericht Berlin-Tiergarten, am Sozialgericht Berlin und danach am Landessozialgericht Berlin tätig. Charlie Hagist ist verheiratet, hat einen Sohn.*

Teddy Bär hat einen Traum

Teddy Bär hat einen Traum,
der erfüll'n sich wird wohl kaum,
weil ein Stofftier er halt bloß,
dessen Traum zudem recht groß.

Währ'nd er grade wieder mal
sitzt ganz vorn im Bettregal,
kommt ihm etwas in den Sinn,
was ihn zum Sinnier'n reißt hin.

Teddy denkt sich aus, wie's wär',
wär' es so, wie's ist, nicht mehr,
denkt: „Ich denk' mir neu die Welt."
Sein Gedanke ihm gefällt.

Und ins Schwärmen er gerät,
weil's doch dafür nie zu spät,
währ'nd er nicht mal d'rauf gibt acht,
ob grad' schläft er oder wacht:

„Ach, wie wär' es angenehm,
würd' gelöst sein das Problem,
das es leider für mich gibt,
da vor allem ich geliebt.

Könnte doch das Menschenkind
alle, die hier mit mir sind
und ein Stofftier grad' wie ich,
lieben so, wie's liebt nur mich.

Und könnt' bleiben dann dabei
ganz von Eifersucht ich frei,
frei von Selbstsucht, Hass und Neid,
müsste tun mir nichts mehr leid."

Doch als dann der Abend da,
ist den Tränen Teddy nah,
da das Kind ihm sagt: „Bist mein
Liebstes, wirst es immer sein."

Drückt ans Herz ihn wieder fest.
Und nur ihn es spüren lässt.
Und er eng ans Kind sich schmiegt.
Für die Nacht er bei ihm liegt.

Und Freud beinah in
nahen Tränen überwiegt.

Wolfgang Rödig *lebt in Mitterfels. Er hat seit 2003 mehr als 700 belletristische Kurztexte in Anthologien, Literaturzeitschriften, Tageszeitungen, Magazinen und Kalendern veröffentlicht.*

Hat mich denn niemand lieb?

In einer Spielzeugfabrik gibt es ganz viele Puppen und Tiere aus weichem Plüsch. Und natürlich sieht man auch jede Menge Teddybären in allen Farben. Sie sind beliebt und werden viel verkauft. Nur ein kleines Bärenmädchen sitzt versteckt im Regal.

Ein Bärenmädchen?

Ja, es kann nur ein Mädchen sein, denn seine Fußsohlen sind aus geblümtem Stoff, genau wie das Innere der Ohren und es trägt eine hübsche rote Schleife. Aber bei der Endfertigung ist es durch die Kontrolle gerutscht und niemand hat es gesehen. So wird ihr Fell auch nicht ordentlich geschnitten und gekämmt. Die Augen sehen ganz zugewachsen aus. Es landet schließlich ganz hinten im Regal. Immer wieder werden fertige Bären herausgenommen, in große Kartons gepackt und zu den Kunden geschickt. Nur das kleine Bärenmädchen bleibt stehen. Der aufgestickte Mund hat sich mit der Zeit gelöst und so sieht es beinahe aus, als ob es weint.

„Hat mich denn niemand lieb?", denkt es traurig.

Es vergehen viele Monate, ohne dass es entdeckt wird. Doch eines Tages kommt Mona in die Fabrik. Sie ist Studentin und will sich in den Semesterferien etwas Geld verdienen.

Die Vorarbeiterin begrüßt sie freundlich: „Ich bin Rita, wir sagen hier alle du zueinander. Herzlich willkommen. Ich habe auch gleich eine Aufgabe für dich." Rita zeigt auf das Regal mit den kleinen Bären, die dort in verschiedenen Farben stehen. „Der Spielzugladen in der Krämerstraße braucht dringend neue Bären. Fünfzehn Stück in gemischten Farben sind bestellt. Packe sie bitte ein, die Auswahl überlasse ich dir. Du machst das schon."

Nun steht Mona allein vor dem Regal. Fünfzehn Bären in gemischten Farben? Sie wählt vier in Rosa, vier in Hellblau und vier in Gelb aus.

„Nun noch drei Braune", denkt sie, „dann habe ich fünfzehn zusammen."

Aber von den Braunen findet sie nur noch zwei im Regal. Sie schaut weiter hinten nach und entdeckt das kleine Bärenmädchen. „Na, du siehst ja zerzaust aus", lacht Mona, nimmt es aus dem Regal und versucht vorsichtig, die Augen vom Wuschelfell zu befreien. Da schauen sie ein paar traurige dunkle Augen an. „Weißt du was?", sagt sie leise, damit die anderen sie nicht hören. „Vielleicht findet sich ja ein kleines Mädchen, das dich genauso mag, wie du bist. Ich packe dich einfach mit ein." Und so kommt das kleine Bärenmädchen auch in den Karton und geht auf die Reise in das Spielzeuggeschäft von Herrn Engel in der Krämerstraße.

Herr Engel liebt Kinder. Er hat nie geheiratet und keine eigenen. Vielleicht hat er deshalb vor vielen Jahren diesen Laden eröffnet. Bei

ihm dürfen die Kinder nach Herzenslust herumstöbern und bekommen einen Luftballon oder ein Bonbon.

Die Lieferung wird schon sehnsüchtig erwartet. Die kleinen Bären sind ein Verkaufsschlager und ständig ausverkauft. Die Verkäuferin, Frau Schubert, nimmt den Karton entgegen und öffnet ihn sofort. Dann beginnt sie, die kleinen Kuscheltiere in das Verkaufsregal zu räumen. Beim Anblick des kleinen Bärenmädchens stutzt sie.

„Herr Engel", ruft sie, „ich glaube, hier hat sich ein fehlerhafter Bär eingeschlichen. Sollen wir ihn reklamieren?"

Herr Engel kommt aus dem Büro, schaut sich den Bären an und lacht: „Ach was, Frau Schubert, stellen Sie ihn erst einmal nach hinten. Wir werden ihn schon verkaufen." Also wandert das kleine Bärenmädchen wieder in die hinterste Ecke.

Es vergehen ein paar Wochen und alle Bären sind verkauft.

Alle?

Nein, da steht ja noch das kleine Bärenmädchen. Herr Engel holt es hervor. „Wissen Sie was, Frau Schubert? Wir legen den missglückten Bären in den Korb mit den Sonderangeboten und verkaufen ihn zum halben Preis. Dann werden wir ihn schon los. Und ich bestelle gleich ein paar neue."

So landet das Bärenkind also im Korb, zusammen mit anderen Spielsachen, die nicht mehr ganz so schön sind und daher preiswerter verkauft werden. Da ist eine Puppe, deren Karton etwas verbeult ist, ein Auto, an dem eine Lampe fehlt oder auch ein Ball mit ein paar Schönheitsfehlern. Alle Spielsachen werden im Laufe der Zeit verkauft, nur das Bärenmädchen will keiner haben.

Charlotta geht auf dem Weg zur Schule jeden Tag am Spielzeugladen vorbei und drückt sich die Nase platt. Was gibt es da doch für schöne Sachen! Aber ihre Mutti hat nicht viel Geld und kann ihr kein Spielzeug kaufen. Doch manchmal holt Herr Engel sie herein. Dann darf sie sich die Puppen anschauen und bekommt ein Bonbon, auch wenn sie nichts gekauft hat. Herr Engel mag die Kleine und sie tut ihm leid. Als Charlotta wieder vor dem Schaufenster steht, hat er eine Idee. Er öffnet die Ladentür.

„Na, kleine Dame, komm doch mal herein. Ich habe ein Geschenk für dich."

Charlottas Augen strahlen. Ein Geschenk? Was mag das wohl sein?

Da nimmt Herr Engel das Bärenmädchen aus dem Korb. „Diesen

kleinen Bären will keiner kaufen, er ist nicht ganz so schön wie die anderen. Möchtest du ihn vielleicht haben? Ich schenke ihn dir."

Charlotta kann es gar nicht glauben. Sie nimmt das Bärenkind freudestrahlend in den Arm. „Ich darf das Bärenmädchen wirklich behalten? Danke schön, Herr Engel."

Herr Engel stutzt. „Wie kommst du darauf, dass es ein Bärenmädchen ist?"

„Das ist doch ganz einfach, Herr Engel", antwortet Charlotta. „Es hat geblümten Stoff unter den Füßen und an den Ohren. Und sehen Sie nur die hübsche rote Schleife. Das kann nur ein Mädchen sein. Oh, es ist so wunderschön."

„Na, dann pass gut auf das Bärenmädchen auf", lacht Herr Engel und Charlotta geht glücklich nach Hause.

Unterwegs drückt sie das Bärenkind ganz fest. Da hört sie plötzlich ein Geräusch. *Knurps.*

Nanu? Sie drückt noch einmal. Da ist es wieder – *Knurps.* Charlotta lacht. Das hört sich ja fast an, als ob das Bärenmädchen sagen will: „Ich freue mich."

„Nun weiß ich, wie ich dich nenne, du bist mein kleines Knurpselchen", ruft Charlotta fröhlich. „Schau mal, Mutti, was mir Herr Engel geschenkt hat." Charlotta zeigt ihrer Mama das kleine Bärenkind. „Er hat gesagt, ich darf es behalten, weil keiner es haben wollte. Ist Knurpselchen nicht hübsch mit ihren wuscheligen Haaren?"

Charlottas Mutter schaut erstaunt. „Na, so schön ist der Bär ja nicht", denkt sie, „aber wenn mein Mädchen glücklich ist, freue ich mich. Sie hat so wenig Freude."

„Wie kommst du denn auf diesen merkwürdigen Namen, mein Kind?", fragt sie schließlich.

„Na, hör doch mal, Mutti." Charlotta drückt Knurpselchen ganz fest und da hört es die Mama auch: *Knurps.* Beide lachen aus vollem Herzen.

„Na, dann ist Knurpselchen ja der richtige Name", sagt die Mutti. „Aber warum schaut es denn so traurig?"

Die Mama schaut sich das Bärenkind genauer an und sieht, dass sich die Stickerei vom Mund gelöst hat. „Sieh mal, meine Kleine, der Mund hängt so traurig nach unten. Ich nähe ihn schnell wieder fest."

Sie holt rasch Nadel und Faden und schon nach ein paar Minuten sieht es so fröhlich aus, wie es sich für Bären gehört.

Das kleine Bärenmädchen, das nun Knurpselchen heißt, ist glücklich. „Endlich habe ich ein Zuhause gefunden, in dem man mich lieb hat", denkt es froh.

Am nächsten Morgen geht Charlottas Mutter zu Herrn Engel. „Vielen Dank, Herr Engel", sagt sie. „Sie haben mein Mädchen sehr glücklich gemacht."

„Ach." Herr Engel wehrt ab. „Der Bär war sowieso ein Ladenhüter." Dann dreht er sich schnell um, damit niemand sieht, dass seine Augen feucht werden.

ElviEra Kensche, *geboren 1952, lebt in Hildesheim. Mitglied bei den Hildesheimlichen Autoren und im Verein der Schriftstellerinnen und Künstlerinnen Wien. www.elvieras-schreibfeder.de.*

Die Bärenfamilie im Zoo

Im Zoo hat gerade eine Bärenfamilie
drei kleine Bärenkinder bekommen.
Fürsorglich haben sich beide Eltern
um ihren Nachwuchs angenommen.

Die Bärenmutter hat alle drei gesäugt
und ihre Kleinen auch ständig beäugt.
Die Bärenkinder wollten gerne spielen
oder in der Sonnenwärme nur trielen.

Mama Bär sah stets nach den Kleinen,
denn eines war jämmerlich am Weinen.
Es war hinuntergekugelt dort am Hang.
Das passiert den Kindern alle Zeit lang.

Papa Bär ist bei den Kleinen geblieben.
Die Bärin ist den Hang hinabgestiegen,
packte das schreiende Kind am Genick
und trug es nach oben Stück für Stück.

Bis sich die fürsorgliche Mama versah,
war plötzlich ein anderes nicht mehr da.
Es hatte sich hinterm Strauch versteckt.
Der Bärin Mutterinstinkt wurde geweckt.

Eilig hat sie sich auf die Suche gemacht,
denn recht frühzeitig dunkelte die Nacht.
Hungrig wie sie war, benötigte sie Futter.
Sehr viel Kraft braucht eine Bärenmutter.

Die Bärchen waren müde vom Ausflug
und hatten von ihrem Erkunden genug.
Sie haben noch brummend getuschelt
und sich alle an Mama Bär gekuschelt.

„Gute Nacht!", rief ihnen zu die Krähe.
Sie schliefen ganz tief in Mamas Nähe.
Morgens werden sie munter erwachen.
und ihre Späßchen mit Mama machen.

Sieglinde Seiler *wurde 1950 in Wolframs-Eschenbach, der Stadt des Minnesängers Wolfram von Eschenbach (Bayern), geboren und ist von Beruf Dipl. Verwaltungswirt (FH). Sie lebt mit ihrem Ehemann heute in Crailsheim (Baden-Württemberg). Seit ihrer Jugend schreibt sie Gedichte. Später kamen Aphorismen, Märchen und Prosatexte hinzu. Ferner fotografiert sie gerne. Gedichte, Geschichten und Märchen wurden in diversen Anthologien veröffentlicht.*

Teddys Odyssee

Es war ein trüber Herbsttag, der Wind trieb das welke Laub vor sich her, auch der Himmel war grau in grau.

Auf der Straße lag ein großer Haufen mit allerlei Müll. In diesem Müll lag ein kleiner, brauner Teddy. Dieser war sehr traurig, wusste er doch, dass dies sein Ende war. Die anderen Sachen auf dem Müll hatten ihm erzählt, was geschehen würde, wenn erst die Müllabfuhr kam und sie aufladen würde. Teddy kullerten bittere Tränen aus seinem Auge. Er hatte nur noch ein Auge, das andere hatte er in seiner Zeit im Müll verloren, als ein Hund mit ihm spielte. Auch das andere Auge glänzte nicht mehr schön wie damals, als er noch ein Zuhause hatte und bei einem Kind wohnte.

Er war ein Weihnachtsgeschenk. Zuerst war der kleine Junge etwas enttäuscht, denn er hatte sich einen Hund gewünscht. Aber schnell hatte er Teddy lieb gewonnen, sie wurden die besten Freunde. Teddy begleitete den kleinen Peter in den Kindergarten und fuhr mit in den Urlaub. Später, als Peter in die Schule kam, musste Teddy zu Hause bleiben. Das war langweilig, aber Peter begrüßte ihn immer zuerst, wenn er heimkam, und trennte sich den Rest des Tages nicht mehr von ihm. Selbstverständlich kam Teddy mit ins Bett und behütete Peters Schlaf.

Eines Tages erzählte Peter ihm, dass sie umziehen würden. Seine Eltern hatten ein Haus gekauft, draußen auf dem Dorf. Er freute sich sehr darauf. Und Teddy freute sich, weil Peter sich freute.

Bald wurde es sehr geschäftig in der Wohnung, denn vieles sollte mit in das neue Haus umziehen. Peters Eltern waren tagelang mit Einpacken beschäftigt. Alle waren sehr aufgeregt, jeden Tag erzählte Peter Teddy etwas Neues. Von dem schönen Zimmer, das er bekommen sollte, viel schöner und größer als das in der Wohnung. Und einen schönen, großen Garten sollte das Haus haben, in dem Peter und Teddy spielen und viele tolle Abenteuer erleben wollten. Teddy und Peter konnten es kaum erwarten, bis es endlich so weit war.

Endlich war der große Tag gekommen. „Jetzt ziehen wir um, heute Nacht schlafen wir beide im neuen Zimmer!", erzählte Peter seinem Teddy. Dann packte er Teddy. „Mama sagt, du sollst in dem Karton mitfahren, damit du nicht verloren gehst", sagte er und steckte Teddy in einen Karton.

Teddy hatte ein bisschen Angst in dem dunklen Karton, aber er sagt zu sich selbst: „Keine Angst, ist ja nicht lange, Peter holt mich bestimmt gleich und zeigt mir unser neues Zimmer."

Teddy wartete und wartete, aber Peter kam nicht, um ihn zu befreien. Stattdessen kamen fremde Männer und nahmen den Karton mit. Nach einer kurzen Fahrt wurde der Karton wieder ausgeladen, Teddy atmete auf. Nun würde bestimmt Peter kommen und ihn befreien. Da, der Karton wurde geöffnet.

Aber was war das? Da waren lauter fremde Menschen, die alles aus dem Karton holten und sortierten. Einer packte Teddy am Arm. „Was sollen wir denn damit, das ist ja ein Spielzeug, weg damit." Und er schleuderte Teddy auf einen Haufen Müll.

Teddy war entsetzt. Peter hatte ihn verraten? Nein, das wollte er einfach nicht glauben. Nicht Peter, sein allerbester Freund. Bestimmt war alles nur ein schlimmer Irrtum und Peter würde jeden Moment kommen und ihn holen. Teddy hoffte und wartete. Einen Tag, zwei Tage ... Schließlich gab er die Hoffnung auf, auch wenn er nicht verstand, was geschehen war. Er wollte einfach nicht glauben, dass Peter ihn im Stich gelassen hatte.

Teddy wusste nicht, dass Peter ihn verzweifelt suchte. Er hatte Teddy sofort vermisst, als er ihn auspacken wollte und den Karton nicht finden konnte. „Au weia, den hast du bestimmt in den Karton für den Müll gesteckt", sagte seine Mutter.

Peter begann zu weinen. „Wir müssen zurück, ich muss Teddy retten!", sagte er zu seinen Eltern.

„Nun stell dich nicht so an wegen des alten Teddys. Der ist den ganzen Aufstand ja wohl nicht wert. Außerdem bist du ja auch schon zu alt für ein Plüschtier", bekam er zur Antwort.

Peter war entsetzt. Er sollte Teddy einfach zurücklassen und aufgeben! Seinen geliebten Teddy. Das kam gar nicht infrage. Er weinte und schrie, er wollte nicht mehr essen und wurde sogar krank. Seine Eltern begriffen endlich, dass Teddy gerettet werden musste. Sein Vater fuhr zu der Firma, die damals den Müll geholt hatte, um ihn zu verkaufen. Er fand in der Halle einige der alten Sachen, aber Teddy war nicht dabei. Die Männer sagten ihm, dass sie Spielzeuge gar nicht behielten, weil die Leute, die hier einkauften, keine Spielzeuge kaufen würden. Sie erlaubten ihm aber, den Müll anzusehen, weil Teddy sich dort noch irgendwo befinden müsste. Sein Vater rümpfte die Nase und wollte schon ablehnen, als er an Peters Trauer um Teddy dachte. So ließ er sich dann den Abfallhaufen zeigen und suchte nach Teddy.

Ach, wäre er doch nur einen Tag früher gekommen, dann wäre alles gut geworden. Gestern saß Teddy noch bei den Abfällen, traurig und verzweifelt. Durch ein Loch im Zaun war ein großer Hund auf das Grundstück gelangt. Dieser stöberte herum und kam auch zu Teddy. Der kriegte einen Mordsschreck, als er den riesigen Hund sah. Dann aber dachte er an sein trauriges Schicksal und sagte sich, dass es vielleicht gar nicht so schlimm wäre, wenn der Hund ihn töten würde, dann wäre er wenigsten aus seinem Elend erlöst.

Der Hund beschnupperte ihn, dann fasste er vorsichtig Teddys Arm. Der Bär gefiel ihm und er wollte ihn gerne für sich als Spielzeug haben. Erfreut über seinen Fund wollte er das Grundstück wieder verlassen, als ausgerechnet jetzt einer der Männer auf den Hof kam und ihn entdeckte. Der Mann griff nach einem herumliegenden Stein.

„Blöder Köter", schrie er und warf mit dem Stein nach dem Hund, der gerade durch das Loch im Zaun schlüpfte.

„Aua", heulte der Hund auf und rannte davon. Dabei verlor der den kleinen Bären, der zu Boden purzelte und auf der Straße landete.

Hier lag er nur wenige Minuten, als ein kleiner Junge vorbeikam. „Oh, du bist aber ein süßer Teddy", sagte er und hob Teddy auf.

Dieser schöpfte neue Hoffnung. Ob der Junge ihn vielleicht haben wollte und er endlich ein neues Zuhause bekäme? Langsam freute er sich. Doch, ach, er hatte sich zu früh gefreut. Der kleine Junge wollte den Teddy gerne behalten, aber seine Mutter war entsetzt.

„Was, den Dreck willst du haben, bist du verrückt geworden? Guck dir das Ding doch mal an, wie der aussieht, total verdreckt. Der ist sicher voller Bazillen. Und kaputt ist er außerdem!"

„Aber er ist doch so lieb. Außer mir hat er doch niemanden", wandte der kleine Junge ein.

„Kommt gar nicht infrage!", sagte seine Mutter. Mit spitzen Fingern packte sie den entsetzten Bären. „Übermorgen ist Sperrmüll, da gehört er hin!", entschied sie und warf ihn zu den für die Müllabfuhr vorgesehenen Sachen.

Teddy weinte bittere Tränen. Er konnte ja nicht ahnen, dass nur wenige Kilometer entfernt Peter ebenso bittere Tränen um seinen geliebten Teddy weinte, als sein Vater ohne ihn heimkam.

Teddy saß nun auf der Straße und wartete auf das Müllauto, er hatte aufgegeben und hoffte nur noch, dass er nicht allzu sehr leiden musste. So bemerkte er gar nicht den Mann, der stehen geblieben war und ihn interessiert anschaute.

„Na so was, da sitzt ja ein Teddy. Hübscher kleiner Kerl, musst nur etwas renoviert werden." Er überlegte kurz. „Das wäre was für meine Tochter, die bringt dich sicher wieder auf Vordermann. Teddys renovieren macht sie fast noch lieber, als welche zu nähen. Mal sehen, was sie von dir hält", sagt der Mann und griff sich den arg ramponierten Teddy.

Teddy erschrak. Was war das jetzt? Und was sollte das heißen – renovieren? Nach ziemlich langer Zeit, so kam es Teddy vor, betrat der Mann ein Haus. „Sieh mal, was ich hier habe, ist das was für dich", fragte er die Frau, die ihn die Tür öffnete.

Skeptisch schaute die Frau in die Tüte, die der Mann ihr gab. „Oh je, da braucht aber jemand dringend Hilfe!" Sie nahm Teddy heraus. „Was ist denn mit dir passiert? Du siehst ja schlimm aus. Mal sehen, was ich für dich tun kann." Dann legte sie Teddy zur Seite und widmete sich ihrem Gast.

Aber noch am gleichen Abend holte sie Teddy wieder hervor und begutachtete ihn ausgiebig. „Na, das wird ein schönes Stück Arbeit werden, aber dich kriege ich schon wieder hin", sagte sie zu dem Bären.

Die nächsten Tage waren ganz schön anstrengend für Teddy. Zuerst wurde er gründlich gewaschen, was ihm zunächst einen Mordsschreck einjagte, denn er glaubte, die Frau wolle ihn ertränken. Nachdem er getrocknet war, fing die Frau an, ihn mit Nadel und Faden zu bearbeiten. Sie stopfte allerhand Löcher und befestigte das lose gewordene Ohr wieder. Dann kam der nächste Schreck für Teddy, denn sie riss ihm sein Auge heraus. Teddy war entsetzt. Sollte er nun auch noch blind werden? War das ganze Getue der Frau nur eine Lüge gewesen und sie wollte ihn gar nicht wirklich retten?

Teddy war so mit seiner Angst beschäftigt, dass er zunächst gar nicht bemerkte, dass er wieder sehen konnte. Wenn es ihm möglich gewesen wäre, hätte er vor lauter Überraschung sicher die Augen weit aufgerissen. Dies konnte ein Teddy aber leider nicht, so konnte er der Frau auch nicht für seine Rettung danken, denn dies war einem Teddy ebenfalls nicht möglich. Schließlich war die Frau schon erwachsen, während Teddys eben nur mit Kindern kommunizieren konnten. Das stimmte ihn ein bisschen traurig. Er konnte ja nicht ahnen, dass er vor Glück strahlte und die Frau das durchaus erkennen konnte. Sie setzte ihn in ein Regal mit vielen Kumpels. Hier war er glücklich und zufrieden.

Seinen Freund Peter jedoch vergaß er nie. Er dachte oft an ihn und fragte sich, was damals geschehen war.

Der kleine Peter, der inzwischen gar nicht mehr so klein war, vergaß seinen Teddy niemals und dacht oft an ihn. Er hätte sich sicher gefreut, wenn er gewusst hätte, dass sein Teddy gerettet war und das es ihm gut ging. Einen neuen Teddy wollte er aber nicht haben, er lehnte alle Angebote seiner Eltern ab.

Margit Günster, *Jahrgang 1963, ist Hauswirtschaftsmeisterin und in diesem Beruf seit über 40 Jahren tätig. Seit über 30 Jahren diverse Veröffentlichungen (Gedichte, Geschichten und Fotos) in Büchern, Zeitungen, Zeitschriften, Fachzeitschriften und Kalendern, zum Teil als Peter Pony, meist mit Geschichten ihrer Ponys und anderer Tiere. Lebt in Boden, einem kleinen Ort im Westerwald.*

Knuddelbärs Waldparty

Ein Teddybären-Abenteuer voller Freundschaft und Magie

In einem malerischen Dorf am Rande eines tiefen Waldes lebte ein kleiner Teddybär namens Benny. Benny war kein gewöhnlicher Teddybär – er hatte eine ungewöhnliche Gabe: Er konnte die Gedanken und Gefühle der Menschen um sich herum spüren.

Eines Tages wurde Benny von einem kleinen Mädchen namens Sophie in einem Antiquitätengeschäft entdeckt. Sophie war sofort von Bennys sanften Augen und seinem weichen Fell angezogen. Sie nahm ihn mit nach Hause und nannte ihn liebevoll Knuddelbär.

Sophie war ein einsames Kind und hatte Schwierigkeiten, Freunde zu finden. Aber mit Benny an ihrer Seite fühlte sie sich nie allein. Sie erzählte ihm von ihren Sorgen und Ängsten und Benny hörte geduldig zu, seine warmen Augen voller Verständnis.

Als Sophies Geburtstag näher rückte, beschloss sie, eine Geburtstagsparty im Wald zu veranstalten. Sie lud all ihre Freunde ein, aber niemand schien kommen zu wollen. Sophie war traurig und enttäuscht, aber Benny beschloss, etwas zu unternehmen.

Mit seiner besonderen Gabe konnte Benny spüren, dass die Tiere des Waldes sich einsam fühlten und gerne an der Party teilnehmen würden. Er sprach mit den Vögeln, Eichhörnchen und sogar den scheuen Rehen und überzeugte sie, sich der Feier anzuschließen.

Als Sophie den Wald betrat, um ihre enttäuschenden Freunde zu suchen, wurde sie von einem magischen Anblick überrascht. Der Wald war mit Lichtern geschmückt und die Tiere tanzten fröhlich umher. In der Mitte stand Benny, der strahlte vor Stolz. Sophie konnte ihr Glück kaum fassen und schloss Benny fest in die Arme.

Von diesem Tag an wusste sie, dass sie nie allein sein würde, solange sie Benny an ihrer Seite hatte. Und während sie mit ihren neuen Freunden im Wald tanzte, lächelte Benny still vor sich hin, denn er wusste, dass er genau dort hingehörte – in die Arme seines geliebten Freundes, bereit, jedes Abenteuer zu meistern, das das Leben für sie beide bereithielt.

Emma Summer Mintken, *geboren 2007, lebt in Wittmund.*

Auf Patrouille

Meine Geschichte wollt ihr hören?
Okay, dann will ich sie euch erzählen.
Anders als bei euch begann mein Leben in einer Fabrik. Dort wurde ich genäht und gestopft, ihr stopft euch ja auch alles Mögliche rein, aber erst viel später. Jedenfalls kam irgendwann in meiner Produktion der Punkt, an dem mir dieses dämliche Ohrpiercing verpasst wurde. Niemand fragte, ob ich das überhaupt möchte, und angenehm war das auch nicht gerade. Um ehrlich zu sein, tat es sogar ganz schön weh. Immerhin war ich ja auch noch viel zu jung für so etwas. Seit diesem Moment jedenfalls trage ich diesen komischen, unnützen Knopf im Ohr.
Als ob das nicht schon brutal genug gewesen wäre, stopfte man mich danach einfach in eine Schachtel. Kein Licht, kaum Platz, ihr macht euch kein Bild davon, welche Angst ich da drinnen litt. Ich wusste nicht, was los war. Wurde ich bestraft? Aber für was denn? Ich hatte ja noch gar keine Zeit gehabt, etwas auszufressen. Würde ich jemals wieder die Farbenpracht der Welt sehen? Ich wusste es nicht und war sehr, sehr traurig. Viele Nächte hindurch weinte ich sogar und ich konnte hören, dass auch in anderen Kartons weinende Teddybären saßen.
Schön war das nicht, aber dann, ich weiß es noch, als wäre es gestern gewesen, öffnete sich mein Karton und ein kleines Mädchen, Marie hieß es, zog mich liebevoll in seine Arme. Endlich die Berührung und Nähe, nach der ich mich so lange gesehnt hatte, und dieses Licht, all die Farben, Gerüchte, es war einfach der Wahnsinn hier draußen.
Marie gab mir den Namen Mister Cuddles und nahm mich wirklich überall mit hin. Wir erlebten so viel gemeinsam, all diese Erfahrungen, die wir gemeinsam teilen durften. Es war eine wunderschöne Zeit mit ihr, an die ich immer gerne zurückdenke. Ihr müsst euch vorstellen, auf keinem Spaziergang durfte ich fehlen, in jedem

Urlaub war ich das wichtigste Gepäckstück. Selbst in den Kindergarten nahm sie mich jeden Tag mit. Einmal hat sie sogar einem fiesen Jungen, der mich gemopst hatte, eins über die Rübe gezogen, um mich zu befreien. So lieb hatte sie mich.

Später in der Schule war es dann uncool, ein Plüschtier dabeizuhaben, aber den Ehrenplatz auf ihrem Bett hatte ich immer noch. Jeden Abend, obwohl sie schon längst schlafen sollte, erzählte sie mir von ihrem Tag. Jedes Geheimnis vertraute sie mir an, denn sie wusste immer, dass bei mir alles sicher aufgehoben war.

Wie es aber mit Kindern so ist, verlor sie irgendwann das Interesse an mir. Ich nehme Marie das nicht übel, ganz und gar nicht, ich verstehe, dass Kuscheltiere irgendwann einfach nicht mehr so spannend sind. Schaut euch um, wie viele Kuscheltiere haben eure Eltern denn? Vermutlich schlafen sie ohne, oder? Und trotzdem verrate ich euch jetzt was. Egal wie groß und stark und was für ein harter Kerl euer Papa ist, der hat früher auch mit einem Kuscheltier geschmust. Das braucht er gar nicht zu leugnen, dieser Feigling.

Wo waren wir?

Ach so, ja, Marie hatte das Interesse verloren, ich bekam immer weniger Aufmerksamkeit und landete irgendwann erneut in einem Karton. Ihre Eltern packten mich auf den Speicher zu vielen anderen Dingen, die sie aufheben wollten. Eltern sind so, die heben viel Zeug ihrer Kinder auf, obwohl es dann am Ende nie wieder angesehen wird.

Viele Jahre verbrachte ich auf dem Speicher. Nur gelegentlich hörte ich Maries Stimme, nämlich immer dann, wenn sie sich lautstark mit ihren Eltern stritt, gewöhnlich folgte darauf das Knallen von Türen. Zu gerne hätte ich sie in diesen Momenten in den Arm genommen und sie getröstet. Doch vom Speicher aus konnte ich nicht gerade viel tun.

Am Rande erfuhr ich auch, dass Marie auszog, sie hatte nun eine eigene Wohnung. Nicht viel Platz, aber es war ihr Reich, keine elterlichen Regeln mehr. Ich freute mich für sie, auch wenn all ihr Zeug, also auch ich, weiterhin bei ihren Eltern gelagert wurde, der Platz reichte nicht. Weitere Jahre in Dunkelheit zogen ins Land, bis plötzlich Bewegung in meine Kiste kam.

„Was ist denn jetzt los?", dachte ich damals. Ich schreckte aus dem tiefen Schlaf, in den Spielsachen wechseln, wenn sich lange niemand mehr für sie interessierte. Marie hatte geheiratet und jetzt ein Haus, so viele Momente in ihrem Leben, die ich verpasst hatte. Sie hole nun all ihre Sachen vom Speicher ihrer Eltern.

Hoffnung kam in mir auf. Würde sie mir alles erzählen? Mir sogar Bilder zeigen? Wollte sie mich wieder in ihrem Leben haben? Sie öffnete den Karton und wir lächelten uns an. Sie nahm mich heraus und wie früher in ihre Arme, die waren viel größer geworden, überhaupt war sie eine wunderschöne Frau geworden.

„Ach, Mister Cuddles", flüsterte sie damals, „wie lange haben wir uns nicht mehr gesehen?" Dann erzählte sie mir tatsächlich einiges, was sich seither ereignet hatte. Vergessen hatte sie mich nie, das zu wissen, machte mich sehr glücklich.

Dann aber hatte sie eine Überraschung parat, sie sagte: „Kinder habe ich noch keine, aber ich habe einen neuen Spielkameraden für dich."

Ein kleiner, niedlicher Hundewelpe kam sehr vorsichtig auf mich zu. Er hatte leider viel Unglück erlebt und war deshalb sehr misstrauisch, Marie hatte ihn gefunden und aufgenommen. Das war meine Marie, sie hatte ein riesengroßes Herz aus Gold.

Langsam gewann ich mit meiner sanften Art das Vertrauen des Welpen. Er kam immer näher und kuschelte sich schließlich sogar an mich. Ich gab ihm die Sicherheit, die er in dieser Phase dringend brauchte. Wie früher wurde ich nun wieder überall hingetragen. Es war wieder richtig spannend, denn diesmal durfte ich die Welt aus der Sicht eines Welpen erfahren. So viele Dinge, die ich zuvor verpasst hatte.

Hört auf meinen Rat, lasst euch die Welt einmal von euren Haustieren zeigen, ihr werdet überrascht sein, was ihr alles nie beachtet habt. Er zeigte mir, wie viel Spaß es macht, wie ein Verrückter zu buddeln. Wie man Fährten liest und Witterung aufnimmt. Und wir patrouillieren gemeinsam durch den Garten. Durch den Zaun beobachteten wir jeden, der vorbeiging ganz genau und waren die persönliche Leibwache der benachbarten Hasen. Keine Katze traute sich in die Nähe, denn unser Bellen schlug sie immer in die Flucht.

Nur knapp ein Jahr später bekam Marie dann einen Sohn. Aus dem Welpen war ein stattlicher Hund geworden, aber anders als Menschen sind Hunde wirklich sehr loyal, er liebt mich heute noch immer so wie am ersten Tag.

Nun aber haben wir eine Mission. Wir bewachen gemeinsam das kleine Kind, bringen es zum Lachen, wenn es traurig ist, und freuen uns bereits darauf, wenn es laufen lernt und wir als unzertrennliches Trio die Welt erkunden können.

Ihr seht also, es ist unwichtig, wie viele Jahre ich schon auf dem Buckel habe, meine beste und glücklichste Zeit liegt noch vor mir. So jetzt muss ich aber los, die Patrouille ist überfällig, macht es gut, ihr Lieben.

Nico Haupt *erblickte 1993 in Mannheim das Licht der Welt und arbeitet im Bereich der IT-Sicherheit. Er veröffentlichte Ende 2023 sein erstes Buch „Perspektiven - ungewöhnliche Kurzgeschichten" und startete mit seinem zweiten Buch „Grimm - Was die Gebrüder verschwiegen ..." ins Jahr 2024. Auf seiner Webseite https://scrollforge.de können Sie ihn und seine Werke jederzeit gerne besser kennenlernen oder sogar persönlich mit ihm in Kontakt treten.*

Teddybär Pauline

Pauline ist ein Teddybär,
sie nimmt das Leben nicht so schwer.
Im Sommer liegt sie faul im Grase
und saugt den Duft in ihre Nase
von Löwenzahn, Vergissmeinnicht,
ein Grinsen huscht in ihr Gesicht:

„Es ist so schön, dass ich hier liege,
mich sanft im Takt der Blumen wiege
und schau mal an, welch Zauberei,
fliegt auch ein Wölkchen rasch vorbei!"

Für ihr liebliches Zuhaus
pflückt sie sich einen Blumenstrauß
und schnüffelt mit der Knuddelnase
zufrieden an der Blumenvase.

Von Butterkeks und Schokolade
träumt sie im Augenblick gerade.
Ihr müsst nur auf die Wiese gehen,
könnt faul im Gras sie liegen sehen!

Manfred Luczinski *ist 59 Jahre alt und lebt in Baden Württemberg. Seit zehn Jahren schreibt er Gedichte zu unterschiedlichen Themen. Außerdem male er gerne und mag Musik.*

Teddy im Gebrauchtwarenladen

Aus dem Leben eines Gebrauchtwaren-Laden-Teddys

Schwaches, silbriges Mondlicht fiel durch die Fenster auf den verwaisten Secondhand-Laden. Natürlich heißt das heutzutage *Vintage*. Das klingt viel hochwertiger und ist noch dazu irgendwie im Trend, weswegen die Kleidungsstücke auf den langen Kleiderstangen selten besonders lange in dem Laden verweilten. Gleiches galt für das Allerlei an Spielzeug und Kuscheltieren, das sich in den fast raumhohen Regalen stapelte. Gerne nahmen die Kunden auch davon gleich noch ein Geschenk mit, wenn sie glücklich über ihr Vintage-Fashion-Piece noch einen Blick auf die Regale warfen.

Stille lag über dem Laden.

Doch – war das etwa ein leises Seufzen? Ja, tatsächlich, in einem der Regale regte sich etwas. Es war nur Fast-Einarm-Teddy, der aus seinem unruhigen Schlaf – wie konnte man auch bequem im Stehen schlafen? – hochschreckte. Fast-Einarm-Teddy sah nochmals genau nach. Zum Glück, es war wirklich noch Nacht und seinem Gefühl nach würde es noch eine Weile so bleiben, bis wieder ein schrecklicher neuer Tag begann.

Fast-Einarm-Teddy war nicht nur gefühlt, sondern tatsächlich schon eine Ewigkeit in dem Geschäft. Deswegen wusste er genau, was er zu erwarten hatte. Schließlich war es jeden Tag das Gleiche. Alle anderen Kuscheltiere wurden früher oder später mitgenommen. Wirklich alle!

Nur er blieb.

Sein anfänglicher Optimismus war mittlerweile gänzlich verflogen. Nicht nur wegen seiner Erfahrungen in dem Laden, sondern, seien wir ehrlich, er wusste ja, wie er aussah. Und er sah, wie die anderen Kuscheltiere aussahen. Einzig die Nächte boten etwas Erleichterung, wenn er trotz seiner unbequemen Position einschlief und ein bisschen Ruhe vor seinen Gedanken hatte. Auch war die Ruhe eine willkommene Abwechslung zu dem hektischen Kommen und Gehen untertags. So lauschte er weiterhin erleichtert in die Stille. Bis diese jäh unterbrochen wurde. Da schoben sich zwei Gestalten durch die anderen Plüschtiere auf ihn zu! Er hoffte, sie würden einfach weitergehen. Doch den Gefallen taten sie ihm nicht. Er hörte ein hämisches Lachen. Widerwillig öffnete er die Augen. Er fand einen großen, stattlichen Brummbär-Teddy und einen kleinen, hübschen Flausch-Teddy, die ihn spöttisch musterten.

„Ist das der Versager?"

„Na, das ist ja wohl offensichtlich. Schau dir nur diese jämmerliche Gestalt an! Das Fell stumpf und abgewetzt, die müden Augen, und … hängt sein linker Arm etwa nur noch am seidenen Faden?"

„Tatsächlich, eine jämmerliche Gestalt. Eine Schande eigentlich für uns alle, dass er hier inmitten von uns steht. Wirft ja wohl kein gutes Licht auf die Gesamtqualität im Angebot!"

„Ach was! Neben dem wirken wir nur noch begehrenswerter!"

„Ihr wisst schon, dass ich euch hören kann?" Fast-Einarm-Teddy erschrak ein bisschen über seinen Mut und darüber, wie schwach und krächzend sich seine Stimme anhörte.

„Na so was, reden kann er zumindest, wobei diese Stimme genauso hinüber ist wie der Rest von seinem Körper. Was willst du hier eigentlich, du weißt doch, dass dich kein Mensch haben will – so in deinem Zustand?"

„Was denn für ein Zustand? Auch ihr seid gebraucht!", versuchte Fast-Einarm-Teddy sich dumm zu stellen.

„Ja, mag sein, aber wir sehen prächtig aus. Allerbeste, hochwertige Vintage-Qualität! Wir bleiben hier nicht lange und haben bald ein schönes, neues Zuhause."

„Ihr seid ganz schön oberflächlich. Ich sehe so aus, weil mein Timmy mich heiß und innig geliebt hat!", platzte es aus Fast-Einarm-Teddy heraus.

„Haha, wenn er dich so sehr geliebt hat, was machst du denn dann hier? Hat er dich etwa aus Versehen hier abgegeben?", spottete Flausch-Teddy.

„Natürlich nicht. Aber er ist älter geworden. Wir Teddys werden nur von Kindern wirklich geliebt und die bleiben nicht für immer Kinder, sondern werden erwachsen", murmelte Fast-Einarm-Teddy mehr zu sich selbst als zu seiner unliebsamen Gesellschaft.

„Na ja, wie auch immer, ich würde ja sagen, bis bald, aber mit Sicherheit werden wir morgen schon von jemandem mitgenommen. Viel Spaß noch beim Hierbleiben bis in alle Ewigkeit und pass auf, dass dir dein einer Arm nicht noch ganz abfällt!", rief Brummbär-Teddy im Weggehen.

Brummbär-Teddy sollte recht behalten. Am nächsten Tag kam eine Frau mit zwei kleinen Mädchen in den Laden. Während sie sich systematisch durch die Kinderkleidung arbeitete, rannten die Mädchen zielstrebig zu dem Kuscheltier-Regal und griffen nach Brummbär-Teddy und Flausch-Teddy. Um ein Haar hätte es Zank gegeben, weil plötzlich beide Schwestern Flausch-Teddy wollten. Doch man wurde sich einig.

An der Kasse warfen die beiden Plüschtiere Fast-Einarm-Teddy triumphierende Blicke zu, die sagten: „Schau her, was haben wir dir gesagt?"

Ein seltsames stechendes Gefühl in der Brust machte sich bei Fast-Einarm-Teddy breit.

Die Mutter packte die frisch gekauften Teddys und stopfte sie achtlos mitsamt der Kleidung in eine Plastiktüte. Die Mädchen spielten beim Rausgehen mit ihren leuchtend bunten Armkettchen.

So gingen die Tage ins Land. Fast-Einarm-Teddy hatte schlechte Tage, an denen er das Geschehen im Laden teilnahmslos an sich vorüberziehen ließ. Er hatte bessere Tage, an denen bei jedem neuen Menschen im Laden leise Hoffnung in ihm keimte. Er betrachtete die Frauen, Männer, Jungs, Mädchen und fragte sich, ob sie ein gutes Herz hatten, ob sie sich einen einstmals heiß geliebten Teddy in ihrem Zuhause wünschten. Doch jedes Mal griffen sie, wenn überhaupt, dann zu einem anderen Kuscheltier.

Es waren eigentlich alles liebe Menschen, da war er sich sicher. Und er hatte jedes Mal Verständnis, dass ihre Wahl auf ein anderes Plüschtier oder Spielzeug fiel. Denn da gab es wunderbare Holzspielzeuge und wunderschöne freundliche Plüschhasen, Plüschpferde und Plüschteddys, die es alle verdient hatten, ein neues Zuhause zu bekommen.

An einem besonders dunklen, regnerischen Tag war Fast-Einarm-Teddy in seine ebenso dunklen Gedanken versunken, als eine junge Frau den Laden betrat. Sie fing an, die Lederjacken zu inspizieren, als ihr Blick auf das dahinter liegende Regal fiel. Sie sah Fast-Einarm-

Teddy direkt in die Augen. Sie hing eine Lederjacke zurück auf die Stange und ging zu dem Regal. Als sie sich näherte, fiel Fast-Einarm-Teddy auf, dass ihr linker Arm in einer Schlinge war. Während sie ihn betrachtete, entdeckte Fast-Einarm-Teddy das Lächeln auf ihren Lippen und Tränen in ihren Augen. Behutsam griff sie nach ihm und legte ihn zum Bezahlen auf den Kassentisch.

Die Ladenbesitzerin warf einen Blick auf das Kuscheltier: „Na, da haben Sie sich ja unser Sorgenkind ausgesucht. Ich glaube, sein einer Arm ist nicht in Ordnung, da gebe ich Ihnen einen Nachlass."

„Ach, das macht nichts. Mein einer Arm ist zurzeit auch nicht in Ordnung, da passen wir ja zusammen. Aber danke. Ich hätte aber auch den vollen Preis gezahlt."

„Ach wirklich?"

„Ja, wissen Sie, mein Teddy, als ich ein Kind war, sah ganz genauso aus. Leider ist er bei einem unserer vielen Umzüge verloren gegangen und ich habe jahrelang nach einem ähnlichen gesucht. Eigentlich hatte ich die Suche längst aufgegeben." Sie blickte liebevoll auf Fast-Einarm-Teddy. „Dieser hier ist tatsächlich noch abgeliebter, als es meiner war."

„Du musst sicher heiß und innig geliebt worden sein", flüsterte sie Fast-Einarm-Teddy zu.

Es klang nicht nur nach einer Feststellung, sondern auch einem wunderbaren Versprechen.

Franziska Hirschmann: *Wenn die Historikerin es sich nicht gerade beim Lesen gemütlich macht, streift sie am liebsten durch die Wälder, um die schöne Natur auf Fotos festzuhalten und neue Ideen für ihre Geschichten zu sammeln.*

Unfreiwilliger Schleudergang

Hannah und Tim sind Geschwister. Meistens verstehen sie sich sehr gut und spielen miteinander. Sie spielen mit Figuren oder mit Autos, Verstecken, Einkaufen und vieles mehr. Wenn Mama zum Essen ruft, können sie manchmal gar nicht sofort kommen, so vertieft sind sie in ihr Spiel.

Sie schimpfen und streiten dann so heftig miteinander, dass ihre Mutter sie gar nicht wiedererkennt. „Du blöde Kuh, ich reiß' dir alle Haare raus!", ruft dann Tim.

Und Hannah schreit: „Du bist der dümmste Bruder, den es gibt! Ich spiele nie wieder mit dir!"

Dann wirft Tim Hannahs hochgebauten Turm um und sie schiebt seine Autos so unter den Schrank, dass keiner drankommt und erst der Schrank verschoben werden muss. Am Ende sind beide nur noch am Kreischen und beschimpfen sich aufs Übelste.

Letzten Samstag war wieder so ein Tag. Als Mama das Gezeter hörte, kam sie ins Kinderzimmer. „Was ist denn jetzt schon wieder los? Hannah, komm mal mit, dann unterhalten wir uns draußen. Und du, Tim, bleibst hier, bis ich dich rufe!"

Tim blieb also allein im Kinderzimmer. Er kochte vor Wut. Da hatte er eine Idee, wie er sich an seiner Schwester rächen könnte ...

Jetzt war Schlafenszeit. Doch Hannah fand ihren Teddy nicht mehr. „Herr Lehmann ist weg! So kann ich nicht schlafen", quengelte sie. Ihr Teddy heißt nämlich Herr Lehmann. Unter der Bettdecke lag er nicht, unter ihrem Kopfkissen auch nicht. Sie ging ins Wohnzimmer, aber weder auf dem Sofa noch hinter einem Sofakissen war der Teddy zu entdecken. Hannah war den Tränen nahe. „Ich will meinen Teddy wiederhaben!"

Papa suchte das Badezimmer nach Herrn Lehman ab. Mit geheimniskrämerischer Miene kam er zurück ins Kinderzimmer. „Komm mal mit, Hannah, ich muss dir was zeigen." Er fasste Hannah an der Hand und nahm sie mit zurück ins Badezimmer. „Schau mal da, in der Waschmaschine, da guckt doch Herr Lehmann aus dem Fenster", sagte er zu Hannah.

Die konnte das gar nicht glauben und bückte sich – und tatsächlich, immer wieder nach ein paar Umdrehungen der Wäsche war ihr Teddybär zu sehen. Mal war er in einem Knäuel von Handtüchern fast versteckt, andermal war er ganz dicht an der Scheibe und sah so aus, als riefe er ängstlich: „Hol' mich hier raus!"

Hannah wusste nicht, ob sie nun traurig über das nasse Schicksal sein sollte oder ob sie sich freuen sollte, dass Herr Lehmann überhaupt wieder da war. Bis die Wäsche fertig war, durfte sie vor der Waschmaschine sitzen und zusehen. Ihr Herr Lehmann hatte noch eine schwere Zeit vor sich. Nach dem Waschgang folgte nämlich der Schleudergang in der Maschine. „Da wird dem Herrn Lehmann ja ganz taumelig", sorgte sie sich.

Mit einer unheimlichen Geschwindigkeit wurde Herr Lehmann umhergewirbelt und ausgepresst. Die Handtücher um ihn herum wurden gegen ihn und gegen den Rand der Waschtrommel gedrückt. Es war kaum auszuhalten. Es musste mehr als ungemütlich sein in der Waschmaschine!

Die Waschtrommel drehte aus, Mama öffnete das Fenster an der Waschmaschine und Hannah nahm ihren Herrn Lehmann wieder in die Arme. Allerdings war Herr Lehmann noch sehr feucht. „So, mein armer Teddy, jetzt gehts zum Trocknen und Aufwärmen in mein Bett", sagte Hannah und wollte mit ihm im Bett verschwinden.

Aber Papa hatte eine bessere Idee. „Wenn dein Herr Lehmann die Waschmaschine übersteht, schafft er auch noch den Wäschetrockner, dann ist er hinterher trocken fürs Bett." Dann steckte er ihn zusammen mit einigen Handtüchern in den Wäschetrockner.

Hannah ging derweilen ins Bett. Sie wusste ja, dass Herr Lehmann wieder da war. Ein wenig grübelte sie noch nach, wie der Teddy in die Waschmaschine gekommen sein konnte. Aber heute wollte sie es eigentlich gar nicht mehr wissen.

Nachdem Herr Lehmann die heiße Zeit im Wäschetrockner überstanden hatte, brachte ihn Mama zu Hannah, die schon eingeschlafen war, und steckte ihn unter die Bettdecke. Er war noch ganz warm und wieder richtig flauschig. Dann ging Mama zu Tim. Er war noch wach. „Du, Mama, ich habe Herrn Lehmann in die Waschmaschine gesteckt, weil Hannah mich so geärgert hat", sagte er kleinlaut.

„Na, da ist wohl morgen eine Entschuldigung bei deiner Schwester fällig", sagte Mama Tim. Der nickte und war für heute froh, Mama seine Tat gestanden zu haben. Dann schlief auch er ein.

Als Hannah am nächsten Tag erfuhr, wem Herr Lehmann die unfreiwillige Wäsche zu verdanken hatte, war sie gar nicht so sehr böse. Schließlich war ihr Teddybär wieder da, und wenn sie ganz ehrlich war, Herr Lehmann hätte schon lange eine Wäsche gebraucht, aber sie traute sich nicht, ihn in die Waschmaschine zu stecken. Nun hatte Tim es eben getan.

Charlie Hagist *wurde 1947 in Berlin-Steglitz geboren. Nach Grund- und Oberschule absolvierte er eine Ausbildung zum Bankkaufmann. Während seiner Tätigkeit in der Personalabteilung des Hauses bildete er sich zusätzlich zum Personalfachkaufmann (IHK) weiter. Ehrenamtlich war er als Richter am Amtsgericht Berlin-Tiergarten, am Sozialgericht Berlin und danach am Landessozialgericht Berlin tätig.*

Wie ich zum glücklichsten Teddy wurde

Mein Name ist Paulchen. Ich bin ein kleiner, kuscheliger Teddy mit braunem Fell. Ich kann mich noch sehr gut daran erinnern, wie alles anfing.

Da saß ich auf bunten Päckchen unter dem Weihnachtsbaum. Um meinen Hals war eine große, rote Schleife gebunden. Ich war so aufgeregt. Wem werde ich wohl bald gehören?

Die Tür ging auf und es kam ein kleines Mädchen namens Hanna auf mich zugestürmt. Sie freute sich so sehr und drückte mich ganz fest an sich. Ich bekam fast keine Luft mehr. Sie gab mir den Namen Paulchen.

Von da an war ich immer an Hannas Seite. Mal saß ich auf dem Gepäckträger ihres Fahrrades, lugte mit dem Kopf aus ihrem Rucksack oder schaukelte mit ihr hoch in den Himmel. Einmal hing ich sogar an meinen Ohren an einer Wäscheleine. Zum Trocknen, denn ich war beim Spielen im Planschbecken triefend nass geworden.

Wir hatten so viel Spaß miteinander. Wenn Hanna mal Kummer hatte, war ich ihr bester Tröster. Dann drückte ich mich fest an sie und alles war wieder gut. Abends schlief ich im Bett mit Hanna ein und wachte morgens mit Hanna auf.

Ich merkte gar nicht, wie schnell die Zeit verging. Doch allmählich wurden meine Abenteuer mit Hanna weniger. Sie ließ mich immer öfter zu Hause. Geduldig saß ich auf ihrem Bett und wartete auf sie. Dann erzählte sie mir ihre Erlebnisse und drückte mich an sich: „Ach Paulchen, du bist mein bester Freund." Das ließ mich vergessen, dass sie mich nicht mehr mitnahm.

Schon bald war auch das vorbei. Hanna nahm mich nicht mehr in die Arme zum Einschlafen. Sie erzählte mir auch nichts mehr. Ich saß nur noch an ihrem Bettrand. „Das wird schon wieder", tröstete ich mich. Doch da sollte ich mich gründlich getäuscht haben.

Denn eines Tages rückten Hanna und ihr Vater mit Farbe und Pinsel an. Das Zimmer sollte neu gestrichen und eingerichtet werden. Hanna war so aufgeregt und räumte alle Spielsachen in eine Kiste. Sie nahm mich in die Arme, schaute mich lange an und gab mir einen Kuss auf die Nase: „Ach, mein Paulchen, was hätte ich nur ohne dich getan." Behutsam legte sie mich obenauf in die Kiste und trug diese auf den Dachboden.

Ich freute mich schon auf das neue Zimmer. Doch es verging Tag um Tag und Hanna kam nicht, um mich wieder zu holen. Es dämmerte mir, dass es ein Abschiedskuss war, als Hanna mich wegpackte. Da lag ich nun mit all den anderen Sachen in der Kiste. Es war still und staubig auf dem Dachboden.

„Aus und vorbei! Hanna hat mich vergessen", flüsterte ich traurig.

„So ist das nun mal. Wenn sie größer werden, brauchen sie keine Spielsachen mehr", sagte ein kleines Holzpferd, das neben mir in der Kiste lag.

„Aber ich bin doch ihr bester Freund", antwortete ich verzweifelt.

„Du WARST ihr bester Freund, als sie ein kleines Mädchen war. Jetzt ist sie groß und hat neue beste Freunde. Sie braucht dich nicht mehr", erklärte mir das Holzpferd.

Ich war unendlich traurig und dachte an die vielen schönen gemeinsamen Erlebnisse.

So vergingen viele Jahre. Mein schönes braunes Fell war inzwischen mit einer dicken Staubschicht bedeckt.

Eines Tages ging die Dachbodentür auf. Ich hörte tapsige Schritte auf mich zukommen. Vor Aufregung pochte mein Herz bis zum Hals. „Hanna ist zurückgekommen", schoss es mir durch den Kopf. Plötzlich wurde ich mit einem Ruck am Bein gepackt und aus der Kiste gezogen. Ich riss erschrocken die Augen auf und sah mich im Maul eines Hundes. „Hey, hey, lass mich los", protestierte ich. Doch wer kann schon einen Teddy hören.

Der Hund schüttelte mich hin und her. *Ratsch,* die Naht begann zu reißen. „Oh Gott, ich verliere mein Bein", dachte ich verzweifelt.

„Aus, Bello! Hör sofort auf!", hörte ich eine Stimme rufen.

Sofort ließ mich der Hund los und ich plumpste auf den Boden. Gerade noch rechtzeitig, denn mein Bein hing nur noch mit ein paar Fäden an mir. Bevor ich mich versah, wurde ich hochgehoben und sah in das strahlende Gesicht eines kleinen Jungen. „Ein Teddy! Bello hat einen Teddy gefunden", rief er und drückte mich fest an seine Brust.

„Maxi, nein! Tu ihn weg. Der ist schmutzig und kaputt", sagte der Vater neben ihm. Dabei packte er mich am Arm und riss mich von dem Jungen weg. „Der kommt in den Müll. Du hast genug schöne Kuscheltiere."

Ich erschrak fürchterlich. Zum Glück wollte mich der Junge nicht im Müll sehen. Er fing sofort zu weinen an: „Nicht wegwerfen, Papa! Ich will ihn behalten. Ich will diesen Teddy haben."

„Das ist nicht dein Ernst, Maxi. Dieses schmutzige Ding kommt weg", befahl der Vater.

„Nein, nein!", schrie der Junge und stampfte mit dem Fuß in den Boden.

„Richtig so, du bist meine letzte Rettung", dachte ich mir.

Da kam die Mutter herbeigelaufen: „Was ist denn hier los? Warum schreist du denn so, Maxi?"

„Wegen dieses schmutzigen, kaputten Teddys hier", erklärte der Vater und hielt mich angewidert in die Höhe.

Die Mutter sah mich an. „Das gibts doch nicht! Das ist Paulchen! Mein Paulchen", jubelte sie und nahm mich begeistert in die Hände.

Der Junge hörte sofort auf zu schreien.

„Wer ist Paulchen?", fragte der Vater verständnislos.

„Paulchen war mein bester Freund, als ich ein kleines Mädchen war. Er war immer bei mir und hat mich so oft getröstet", antwortete die Mutter lächelnd.

Verblüfft schaute ich die Mutter an. Die Mutter war tatsächlich Hanna, meine Hanna. Ich konnte es kaum glauben. Sie hatte mich in all den Jahren nicht vergessen. „Ihr bester Freund", hatte sie gesagt. Ich war so gerührt.

„Das war wirklich dein Teddy?", fragte der kleine Junge ungläubig.

„Ja, mein kuscheliges Paulchen. Der Arme sieht ja schrecklich mitgenommen aus. Weißt du was, Maxi, wir baden Paulchen und ich nähe ihm sein loses Bein wieder an. Dann könnte es dein Paulchen werden", meinte Hanna.

„Oh ja!", rief der kleine Junge. „Dann ist er mein bester Freund."

„Ich hätte ihn weggeworfen", sagte der Vater und ging kopfschüttelnd davon.

Hanna streichelte mir zärtlich über den Kopf. „Wegwerfen? Mein geliebtes Paulchen, kommt gar nicht infrage. Es ist so schön, dass er nach all den Jahren noch da ist."

So wurde ich von Hanna und ihrem Sohn ordentlich mit Wasser und Seife geschruppt, bis mein Fell ganz sauber war. Danach hing ich wieder einmal an den Ohren zum Trocknen an einer Wäscheleine. Hanna nähte mein Bein fest an und übergab mich feierlich ihrem Sohn: „Maxi, jetzt ist es DEIN Paulchen. Pass gut auf ihn auf."

Der Junge strahlte mich an und drückte mich fest an sich. „Paulchen, jetzt bist du MEIN bester Freund", sagte er zu mir.

Mein Herz machte vor Freude einen Riesensprung. Ich konnte es kaum fassen. Nach all den verstaubten Jahren, die ich vergessen in der Kiste am Dachboden lag, war ich erneut ein bester Freund, Maxis bester Freund. Dabei sah ich wieder jeden Tag meine Hanna. Kurzum – ich war der glücklichste Teddy auf der Welt.

Michaela Kapsalis *aus Garching/Alz schreibt gerne Gedichte und Kurzgeschichten. Sie hat schon in mehreren Anthologien veröffentlicht.*

Teddy Brummbrumm

Ich heiße dummerweise
einfach nur Brummbrumm
das finde ich ziemlich dumm
drückst du auf meinen Bauch
hörst du Brummtöne auch
mein Fell ist schon ganz kahl
vom Knutschen viele Mal
mein Kind, das hat mich lieb
mein Bauch ist wie ein Sieb
das Stroh kommt schon heraus
als Nestmaterial für eine Maus
ich sitze auf dem Bett
ich habe es hier richtig nett
morgen gehen wir auf die Reise
im Arm bin ich immer leise
ich schaue aus dem Fenster
vielleicht sind dort Brummgespenster
der Zug fährt schnell vorbei
ich glaub, ich seh' ein Hühnerei
das liegt auf 'ner verschneiten Wiese
dahinten läuft ein dicker Riese
jetzt fahren wir weiter mit dem Schiff
vom Kai legt es ab mit lautem Pfiff
wir machen Ferien hier am Meer
wir kommen gerne wieder her
ich spiele mit dem Kind im Sand
wo ich gestern 'nen kleinen Bären fand
den hat ein Kind bestimmt verloren
der Bär hat richtig große Ohren

jetzt habe ich 'ne Bärenschwester
am Meer feiern wir Silvester
wir machen beide viel Gebrumm
mein Name ist wohl doch nicht dumm

Gudrun Güth: *1950 in Hagen/Westfalen geboren, Abitur 1968, danach Studium der Anglistik und Romanistik an der Ruhr-Universität Bochum und 1/2 Jahr an der University of Bristol/England; Promotion mit einer Dissertation über „Typen des englischen Arbeiterromans". Lehrerausbildung, dann acht Jahre Lehrerin am Gymnasium Herten, drei Jahre an der deutschen Schule Brüssel, danach an der Gesamtschule Waltrop – von 1998 bis 2013 Fachleiterin für Englisch in der Lehrerausbildung – seit 2013 im Ruhestand. Verheiratet, ein Sohn, wohnt in Waltrop.*

Ein Teddy fürs Leben

„Meine Lieblingsfarbe ist Dunkelblau."

Die Lehrerin notiert sich seinen Namen und seine Lieblingsfarbe, bevor sie zum nächsten Teddy weitergeht.

In der darauffolgenden Woche ist es endlich so weit. Alle Teddys der Klasse 1b haben ihre Teddybär-Ausbildung abgeschlossen und heute findet die Abschlussfeier statt.

Die Direktorin ruft alle Teddys einzeln auf und bittet sie nach vorne auf die Bühne. Jeder Teddybär bekommt eine Urkunde geschenkt und dann ... gibt es für jeden Teddy einen Luftballon in der Lieblingsfarbe!

Stolz läuft Brummi mit seiner Urkunde und seinem dunkelblauen Luftballon um die Pfote zu seinen Eltern. Seine Mama drückt ihn fest an sich und sein Vater tätschelt seinen Kopf.

„Gut gemacht, mein Großer!"

Zu Hause hängt Brummi seinen blauen Luftballon direkt an sein Zimmerfenster, damit jeder sehen kann, dass er die Teddybär-Ausbildung geschafft hat.

Zwei Wochen später streift der kleine Brummi durch den Wald. Sonnenstrahlen fallen durch die Baumkronen auf den laubbedeckten Boden. Er lauscht den Geräuschen des Waldes. Weit entfernt kann er die Stimmen einer Menschenfamilie hören, die ihren Sonntagsspaziergang macht. Und plötzlich vernimmt der kleine Teddybär auch ganz in der Nähe ein Geräusch. Ein Schluchzen. Weint da etwa jemand?

Brummi folgt dem leisen Schluchzen und sieht dann nicht weit entfernt hinter einem dicken Baumstamm einen kleinen Jungen sitzen. Vorsichtig, um ihn nicht zu erschrecken, nähert Brummi sich dem Jungen. „Hallo, Kleiner. Wieso bist du denn so traurig? Und wie heißt du?"

Der Junge blickt auf und schaut den Teddybären erstaunt an. „Ich heiße Nathanael und ich suche meine Familie." Wieder beginnt er zu schluchzen. Brummi kommt näher, klettert auf den Schuh des Jungen und zieht sich am Hosenbein nach oben, bis er auf Nathanaels Knie angekommen ist. Der Junge wischt sich über die Augen und hält dann seine Hand neben sein Knie, damit der Teddybär nicht hinunterfällt.

„Ich heiße Brummi und ich bin ein Trösterteddy! Ich kann dir helfen, deine Familie wiederzufinden."

Nathanael traut seinen Augen kaum, aber er streichelt dem Teddy sanft über den Kopf und drückt ihn dann vorsichtig an sich. „Das wäre wunderbar!"

Brummi richtet sich auf, lauscht in den Wald hinein und ruft: „Sie sind schon ziemlich weit weg, wir müssen uns beeilen. Komm, Nathanael!"

Der Junge steht auf, klopft sich Erde und Laub von der Hose und hebt dann vorsichtig Brummi hoch. „Wo müssen wir lang?"

Brummi streckt eines seiner kurzen Ärmchen aus und deutet nach links. Schon nach wenigen Schritten stehen Nathanael und sein neuer kleiner Freund wieder auf dem Waldweg und laufen den Hang hinauf.

„Jetzt nach rechts", dirigiert Brummi den Jungen.

Nathanael hat neuen Mut gefasst.

Es dauert nicht lange, bis in der Ferne drei Gestalten zu sehen sind.

„Da sind sie", flüstert Nathanael.

Und tatsächlich. Der Vater des Jungen kommt bereits auf Nathanael und Brummi zugelaufen.

„Nathanael, mein Junge! Da bist du ja!", ruft der Vater und schließt den Jungen in seine Arme. Wenig später erreichen auch seine Mutter und sein Bruder den Jungen.

„Mama, Papa, ich habe euch plötzlich nicht mehr gesehen. Und dann bin ich vom Weg abgekommen und habe mich hinter einem Baumstamm versteckt und habe angefangen zu weinen. Plötzlich stand dieser kleine Teddybär vor mir und hat mich getröstet. Mit seiner Hilfe habe ich euch wiedergefunden! Brummi, das da ist mein Zwillingsbruder Jonathan."

Die Eltern sind sich zwar nicht sicher, ob sie ihrem Kind diese Geschichte glauben sollen, aber sie sind froh, ihren Sohn wieder bei sich zu haben, und den Teddybären haben sie zuvor tatsächlich noch nie gesehen.

Brummi begleitet die Familie nach Hause und Nathanael möchte ihn sogar beim Abendessen am Tisch sitzen lassen. Die Eltern sind einverstanden.

Spät am Abend gehen im Kinderzimmer der Brüder die Lichter aus und Nathanael kuschelt sich ins Bettchen und lauscht den Geschichten des kleinen Teddybären, die dieser ihm erzählt.

Von diesem Moment an blieb Brummi für eine lange Zeit bei Nathanael und leistete eine hervorragende Arbeit als Teddybär.

Hast auch du einen lieben Teddy, der immer für dich da ist, dir zuhört und dich tröstet, wenn du traurig bist? Mit dem du spielen kannst und der mit dir in den Urlaub fährt?

***Nicole Webersinn** (25) aus Offenbach arbeitet bei der Stadtbücherei Frankfurt am Main. Sie schreibt von Kindesbeinen an verschiedene Kurzgeschichten und hat einen kleinen Teddybären, der sie bereits seit ihrer Geburt begleitet.*

Er heißt Albärt

Mütter können speziell sein. Sie wollen fast alles von einem wissen und geben ständig Ratschläge und Kommentare, die kein Mensch hören will. Das nervt. Und nicht nur das: Oft behandeln sie einen wie ein Baby, das alleine nichts auf die Reihe kriegt.

So auch heute. Meine Eltern streiten wieder mal im Wohnzimmer, als ich vom Fußballtraining nach Hause komme. Anfangs kann ich im Flur nur einzelne Wortfetzen aufschnappen, doch dann werden die Stimmen lauter.

„Dafür ist Liam noch zu jung. Das kannst du ihm nicht zumuten, Steffen."

„Nicht? Es geht schließlich um meine Mutter und um seine Oma."

„Das mag ja sein. Aber er ist noch nicht mal 14."

„Na und? Der Junge weiß, dass seine Oma krank und alt ist, Luise. Außerdem bin ich ja dabei. Und ich will mit ihm, wenn wir ohnehin schon mal in Düsseldorf sind, zum Fußball. Das findet er garantiert toll."

„Und ob!", schießt es mir sofort durch den Kopf. Aber bekommt man so kurzfristig überhaupt Karten für Fortuna? Die spielen ja in der Bundesliga.

Mama und Papa haben gar nicht bemerkt, dass ich mittlerweile in der Wohnzimmertür stehe und sie beobachte. Sie streiten weiter. Irgendwann wird es mir zu blöde. Ich lasse meine Sporttasche absichtlich lautstark auf den Boden fallen. Die beiden halten tatsächlich inne.

„Hallo? Worum geht es hier eigentlich?", frage ich.

Papa ist der Erste, der die Sprache wiederfindet. Mit wenigen Worten erklärt er mir, dass ein Besuch bei seiner Mutter im Altenheim ansteht. Ihr Gesundheitszustand muss sich in den letzten Wochen verschlechtert haben. Sie erkennt wohl niemanden mehr.

Papa seufzt. „Sie mussten sie jetzt auf eine andere Station verlegen, weil sie so verwirrt ist. Und die vom Heim wollen mit uns vor Ort besprechen, wie es weitergehen soll. Meine Mutter braucht dringend eine Betreuung."

„Hä? Hat sie da doch zur Genüge", antworte ich irritiert.

„Nee, eine, die offiziell und vom Gericht ist", führt Papa aus.

„Demenz ist eine so schreckliche Erkrankung", wirft Mama jetzt ein. „Oma kann überhaupt nicht mehr klar denken. Sie lebt nur noch in ihrer eigenen Welt."

„Das weiß ich doch. Sie vergisst eben alles und ist einfach ... anders", entgegne ich.

„Ja, aber es ist wirklich schlimmer geworden, Liam. Glaub mir, das willst du gar nicht miterleben." Mama schluckt und schüttelt den Kopf.

Jetzt ergreift Papa wieder das Wort. „Irgendjemand muss auf jeden Fall jetzt für sie dauerhaft entscheiden. Über die Medis, die sie bekommt, über ihr Geld, ach, eigentlich über alles, was gerade ansteht. Und deswegen muss ich am Wochenende dringend nach Düsseldorf. Mama kann nicht mit. Sie muss arbeiten." Er räuspert sich. „Ich fände es schön, wenn du mich begleiten würdest. Wir könnten uns das Spiel gegen Paderborn ansehen. Und ... es kann mit Oma auch immer mal ... ganz plötzlich zu Ende gehen."

Mama verdreht die Augen. „Das steht aber jetzt zum Glück noch nicht an, Liam."

Für mich steht dagegen sofort fest, dass ich mitfahren will. Allein wegen der Möglichkeit, ein Bundesliga-Spiel live zu sehen. Und ganz ehrlich, aber das brauchen meine Eltern nicht zu wissen: Oma gehört nicht zu den Menschen, die mir wichtig sind. Sie war schon früher alles andere als nice und hat viel zu sehr an allem und jedem herumgenörgelt.

Trotzdem erschrecke ich, als wir sie am Samstag im Heim besuchen. Sie ist total dünn geworden und erkennt weder Papa noch mich. Im Arm hält sie tatsächlich eine Puppe. Oma ist nicht die Einzige in dem Gruppenraum mit so einem Stoffspielzeug. Auch die anderen hier haben solche Babypuppen mit lächelnden Gesichtern. Keiner in dem großen und hellen Raum sagt etwas, bis eine Frau, die etwa so alt wie Mama sein dürfte, schließlich Papa anspricht. Sie arbeitet hier.

Die zwei unterhalten sich bald an einem der freien Tische. Wahrscheinlich reden sie über diese Betreuung, über die wohl ein Richter entscheiden muss. Das hat mir Papa erklärt. Und auch, dass in Deutschland mehr als anderthalb Millionen Leute so eine Demenz haben. Und es werden immer mehr. Gruselig! Hoffentlich erwischt es mich nicht auch irgendwann. Oder Mama und Papa.

„Zeig mal deine Puppe!", fordere ich Oma auf. Umsonst! Sie reagiert überhaupt nicht auf mich und meine Worte.

„Die ist aber wirklich klasse", schiebe ich bewundernd nach.

Oma starrt weiter vor sich hin, als ob sie mich nicht bemerkt. Sie scheint, wie Mama schon meinte, komplett in ihrer eigenen Welt zu leben. Strange! Ich wage dennoch einen zweiten Versuch. „Deine Puppe hat echt coole Zöpfe."

Keine Reaktion. Weder von Oma noch von den anderen Alten.

Papa und die Frau vom Heim sind währenddessen in irgendwelche Papiere vertieft. Ich seufze und werfe unauffällig einen Blick auf mein Handy. Ich kann es kaum glauben. Wir sind gerade einmal zehn Minuten hier. Weil ich nicht weiß, was ich machen soll, blicke ich mich in dem Raum um. Er ist farbenfroh eingerichtet und es gibt hier keinen überflüssigen Schnickschnack und kaum Deko, die meine Oma früher immer so sehr geliebt hat. An den Wänden hängen Fotos von Bäumen und Tieren.

Ich gebe mir schließlich einen Ruck und starte einen dritten Anlauf, um mit meiner Oma zu reden. „Weißt du noch? Früher bin ich nirgends ohne meinen Teddy hingegangen. Er musste überall mit hin. Ins Bett, in den Kindergarten und sogar mit auf den Spielplatz. Und ich habe ihm jeden Tag die Zähne geputzt und das Gesicht gewaschen." Jetzt muss ich fast schon lachen.

Von den Alten hier verzieht dagegen niemand den Mund. Ich schüttele den Kopf. Wie lange ist es her, dass ich mit Teddy zuletzt gespielt habe? Fünf, sechs Jahre oder noch länger? Auf jeden Fall gefühlte Ewigkeiten. Der Arme musste sogar zweimal in die Waschmaschine, nachdem ich mir in der ersten Klasse die Läuse eingefangen hatte. Danach sah Teddy völlig fertig und wie ein Zombie aus. Ich hab ihn trotzdem lieb gehabt. Tja, und irgendwann ist er dann doch wie so vieles anderes in der Ecke meines Kinderzimmers gelandet. Und vorletztes Jahr wollte ich ihn sogar auf dem Flohmarkt verkaufen. Aber das hat Mama nicht erlaubt.

„Der bleibt!", hatte sie mir unmissverständlich zu verstehen gegeben.

Keine Ahnung, wo Teddy seitdem abgeblieben ist. Vielleicht auf dem Speicher? Oder im Keller? Ist auch egal, die Spielekonsole, die Manga-Figuren und der Punchingball in meinem Zimmer sind auf jeden Fall viel cooler. Trotzdem werde ich Mama irgendwann nach Teddy fragen.

Papa und die Frau vom Heim reden immer noch. Wie lange dauert das denn noch? Ich will hier weg. Es ist nicht nur megaöde, sondern auch runterziehend mit den Alten. Die meisten blicken ins Leere, eine Frau wippt mit dem Oberkörper hin und her.

„Teddy", sagt auf einmal der Mann ohne Haare.

„Ja, genau", antworte ich fast erleichtert.

Er blickt mich an und nickt. Mehr passiert nicht.

„Teddybär", entgegne ich laut und deutlich.

Nichts geschieht.

„Teddybär", wiederhole ich.

Nichts. Mama hatte echt recht. Das hier ist mehr als speziell. Echt crazy.

Plötzlich habe ich eine Idee und wage einen allerletzten Anlauf. „Teddybär, Teddybär, dreh dich um, Teddybär, Teddybär, mach dich krumm", singe ich leise vor mich hin. Das Lied kenne ich noch aus dem Kindergarten von irgendwelchen Hüpfspielen. Und von den Mädels auf unserer Straße beim Seilspringen und Gummitwist. Es scheint ein altes Lied zu sein, denn in die Gesichter der Alten kommt allmählich Bewegung. Eine Frau klatscht sogar in die Hände. Wow, damit hätte ich jetzt gar nicht mehr gerechnet – und auch nicht damit, dass mich die Frau vom Altenheim lobt.

„Ihr Sohn macht das super", sagt sie zu Papa. „Über Musik bekommt man eben doch oft den Zugang zu unseren Bewohnerinnen und Bewohnern. Und unsere Demenztherapiepuppen sind ohnehin genial. Sie fördern die Kommunikation, Aufmerksamkeit und Wahrnehmung."

„Das hast du eben wirklich klasse gemacht, Liam", findet auch Papa, als wir kurz darauf endlich wieder im Auto sitzen. „Mama wäre stolz auf dich. Völlig zu recht! Danke, Liam!"

„Kein Ding. Ich bin ja auch kein Baby mehr", entgegne ich.

Trotzdem bin ich mega erleichtert, dass wir diesen Besuch hinter uns haben. Mama hatte nämlich recht. So ganz ohne ist der Umgang mit Demenzkranken wirklich nicht. Ich seufze, schiebe die Gedanken an die Demenzpuppen und meinen alten Teddy beiseite und fiebere bald dem bevorstehenden Fortuna-Spiel entgegen. Fußball ist einfach meine Welt.

Papa scheint meine Gedanken zu erraten. „Und? Freust du dich auf das Spiel?"

„Klar. Was denkst du denn?"

„Und? War der Besuch eben sehr schlimm für dich?"

„Nö. Aber von Stoffpuppen, Kuscheltieren und Teddyliedern habe ich vorerst genug."

Jetzt muss Papa grinsen. „Sicher? Das Maskottchen für die EM im Sommer ist übrigens ein Teddy. Er heißt Albärt."

Ulli Krebs, *wohnhaft in Norddeutschland, 1965 in Düsseldorf geboren, Studium Sozialarbeit, Journalismus und PR, ist als freie Redakteurin tätig, Hobbyautorin, Veröffentlichungen von Gedichten und Kurzgeschichten in verschiedenen Anthologien sowie Publikation eines Regionalkrimis.*

Teddy will zur Feuerwehr

Es war einmal ein Teddybär,
der wollte gern zur Feuerwehr.
Nun fragte sich der kleine Schelm:
„Woher bekomm ich einen Helm?"

Des Nachts schlich er zur Küche hin,
der Kühlschrank brummte mittendrin,
dem Teddy wurde Angst und Bang
bei diesem jämmerlichen Klang.

Sacht öffnet er den Küchenschrank,
darin war alles blitzeblank,
ganz vorn ein himmelblauer Topf,
den setzte er sich auf den Kopf.

Ein Helm ist schön und gut, jedoch,
er fragte sich: „Was fehlt mir noch?
Als echter Feuerwehrmann brauch
ich unbedingt noch einen Schlauch."

Er schlich auf leisen Sohlen raus,
mit Helm am Kopf, durchs Stiegenhaus.
Im Hof fand er beim Wasserhahn
den Gartenschlauch mit Düse dran.

„Miau, mio!" „Was war das bloß,
so laut wie ein Fanfarenstoß?"
Da saß des Nachbars großer Kater
und machte höllisches Theater.

Ein Licht ging an, es flog ein Schuh,
der Kater gab erst recht nicht Ruh.
Nein, er verstärkte sein Geheul!
Für Teddy war der Lärm ein Gräul.

Er öffnete die Wasserdüse
und – Wasser marsch! – war die Devise.
Der laute Kater war im Nu
klatschnass und sehr verschreckt dazu.

Er schlich sich mäuschenstill hinweg,
auch Teddy zitterte vor Schreck.
„Wie schön es jetzt im Zimmer wär,
will doch nicht mehr zur Feuerwehr!"

Er nahm den Topf vom Kopf und lief
ins Zimmer, wo klein Karlchen schlief.
Das weiche Kissen war sehr fein
und Teddy schlummerte gleich ein.

Karin Endler: *geboren 1962, lebt in ihrer Geburtsstadt Wien. Schreibt kurze Prosa und Gedichte für Erwachsene und Kinder; manchmal malt sie Bilder dazu. Seit 2019 Veröffentlichungen in Literaturzeitschriften und Anthologien.*

Schnubbel ist immer dabei

Schnubbel ist nicht nur ein Kuscheltier. Schnubbel ist der beste Freund von Paul. Paul bekam Schnubbel schon als Baby und seitdem sind die unzertrennlich. Es ist schönen, einen besten Freund zu haben, der überall mit dabei ist, dem man alles erzählen kann und der auch in schwierigen Momenten einfach halt gibt.

Jedes Kind sollte so einen Schnubbel haben.

An Pauls ersten Schultag war er natürlich auch dabei. Als Paul 18 Jahre alt wurde, verpackte Paul seinen Schnubbel in eine besondere, goldene Kiste. Wenn Paul eines Tages ein Kind bekommt, bekommt Schnubbel einen neuen Freund.

Sybille Klubkowski *schreibt gerne.*

Teddy mit Cape

Romulus begleitet Julia schon lang. Der kleine, weiße Teddy ist zu ihr gekommen, als sie gerade mal ein paar Tage alt gewesen ist. Ihre Tante hatte ihn aus Rom mitgebracht, das hatte ihm seinen Namen eingebracht. Damals war Romulus so groß wie Julia, die aber schnell größer und größer geworden ist. Aber er darf sie immer noch begleiten. Egal ob Ausflug, Urlaub oder Kindergarten, Romulus muss mit.

„Kannst du ihn nicht mal zu Hause lassen", schimpft ihre Mutter, als sie die Koffer für eine kleine Reise packen. „Du bist doch inzwischen sechs und kommst bald in die Schule."

„Romulus beschützt mich", ruft Julia aus und drückt den Teddy an sich.

„Und er ist immer in deinem Herzen. Aber er ist doch schon alt und will bestimmt auch mal Ruhe haben."

„Nein!" Mit diesen Worten rennt Julia in ihr Zimmer.

„Lass sie", hört sie noch ihren Vater, bevor sie die Tür zuwirft.

„Sie werden es nie verstehen." Schnell klettert sie hoch in ihr Bett und setzt sich ganz hinten in die Ecke. Die Knie zieht sie an und setzt ihren Teddy darauf. „Warum verstehen sie nicht, dass du mich beschützt?" Ihre Hand greift zu dem roten Cape, das sie für Romulus gebastelt hat, und zieht es ihm an. „Jetzt sehen sie, dass du ein Superheld bist."

Es klopft und kurz danach schaut ihr Papa auch schon in das Zimmer. „So werden wir aber nicht losfahren können", sagt er. Sein Ton ist sanft, sie weiß, dass er das immer macht, wenn er sie besänftigen will. Aber glauben tut er ihr trotzdem nicht. Nicht, als sie aus dem Bett gefallen und Romulus lebendig geworden ist und sich unter sie geworfen hat, dass ihr nichts passiert. Und auch nicht, als er sie daran gehindert hat, in die Glasscherbe zu treten.

Manchmal wünscht sie sich, dass er immer so wäre und sie mit ihm reden könnte. Er wäre dann der Einzige, der sie verstehen würde, denkt sie.

Ihr Papa klettert zu ihr auf das Bett und sieht sie an. „Ich dachte, du willst auch gerne zum Bauernhof."

„Ja", brummt sie.

„Na, dann sollten wir aber auch los." Langsam kommt er näher. „Ansonsten ..."

Julia beginnt schon zu lachen und versucht, den Kitzelfingern ihres Papas auszuweichen. Zu spät, schon hat er sie, zieht sie zu sich und beginnt sie zu krabbeln.

„... gibt es Kitzelalarm."

Vor lauter Lachen kann sie nicht antworten.

Kurz hört er auf. „Also, kommst du?"

„Romulus beschützt mich."

„Das tut er." Er beugt sich vor und flüstert weiter: „Tu ihn in deinen Rucksack."

Sie grinst ihn an.

Eine halbe Stunde später sitzen sie im Auto auf dem Weg zur Autobahn, die zum Bauernhof nach Österreich führt, der an der Grenze zu Bayern liegt. Auf der Fahrt wird gesungen, gespielt, Musik gehört oder einfach nur aus dem Fenster gesehen. Julia mag es, die Natur zu betrachten. Ihre Tasche mit dem kleinen Teddy hat sie fest an sich gedrückt. Immer wenn ihre Mama abgelenkt ist, öffnet sie den Reißverschluss und schaut nach, ob bei ihrem plüschigen Freund alles in Ordnung ist.

Auf dem Bauernhof angekommen, springt Julia sofort los, um die Bäuerin zu begrüßen. „Maria!"

„Hallo, kleiner Floh, du bist aber echt groß geworden."

Julia legt ihre Arme um ihre Hüfte. „Bin kein Floh und klein bin ich auch nicht", grummelt sie.

Die Frau lacht. „Der Sepp ist bei den Ziegen. Willst ihm nicht *Hallo* sagen?"

Julia nickt. Den Sohn der Bäuerin mag sie auch sehr gerne und sie sprintet zum Ziegenstall, der etwas weiter hinten an der Weide ist. Auf einmal wird ihr Rucksack schwer und sie hält an.

„Achte auf den Weg", hört sie Romulus und spürt seine Pfote auf ihrer Schulter. Sie sieht nach links. Reiter eilen im schnellen Galopp auf sie zu. Beim Blick zum Rucksack auf ihrem Rücken ist der Teddy wieder klein und nur der Kopf ist noch zu sehen.

„Danke", sagt sie leise.

Wie wild rasen viele Reiter auf ihren Pferden an ihr vorbei. Dabei lösen sich einige der blonden Haare aus ihrem Zopf und wehen im Wind. Erst als alle weg sind, läuft sie weiter, um Sepp zu begrüßen.

Dieser spielt gerade nicht mit den Ziegen, sondern fährt mit dem Traktor über die Weide. Sie klettert auf den Holzzaun und winkt. Sepp fährt rückwärts auf sie zu. Julia lacht begeistert, weil er auch gleich auf sie zukommt. Immer näher kommt er ihr. Kurz befürchtet sie, dass er sie nicht gesehen hat. Doch dann dreht er sich nach rechts und hält vor ihr.

„Julchen."

„Sepp."

„Wieder da?"

„Ja."

„Wuist du midfahrn?"

„Klar", sagte sie, klettert rauf und setzt sich neben ihn. Schon gibt er Gas und sie fahren los. Der Traktor ist zwar nicht der Schnellste, aber ihr macht es trotzdem Spaß.

Julia und ihre Familie helfen im Haushalt, bei den Tieren, beim Ernten und Kochen. Das tun sie seit Jahren schon. Julia gefallen vor allem die Tiere und das Naschen der Erntefrüchte. Aber auch das Spielen mit Sepp auf den Wiesen, im Stall und im anliegenden Wäldchen. Sie bauen sich einen Unterschlupf und am kleinen Fluss einen Staudamm mit Wasserfall. Mit dabei natürlich immer Romulus. Selbst der böse Blick ihrer Mama auf das Stofftier kann die Kinder nicht davon abhalten.

Leider gehen auch diese Tage vorbei und ihre Eltern packen wieder den Wagen. Julia umarmt traurig die Bauernfamilie, als sie sich verabschieden soll.

„Bald sehen wir uns wieder", sagt die Bäuerin.

„Wenn du wieda kimmsd, geh i scho zua Schui und konn dia no mehr zeign", meint Sepp zu ihr.

„Ja, das wird gigantisch."

Bei der Abfahrt wird kräftig gewunken. Ihr Papa gibt Gas, um mit Schwung auf die Straße zu fahren. Julia dreht sich um und wedelt weiter mit ihrer Hand.

„Vorsicht", ruft auf einmal Romulus aus und zieht Julia in seine weichen Arme.

Und da kracht es schon. Ihr Papa ist in einen Bus gefahren.

Die Tür geht auf. „Alles gut?", fragt die Bäuerin.

„Aua", jammert ihre Mama, als sie ihre Stirn berührt.

„Julia", keucht ihr Vater und dreht sich zu ihr um. Auch er hat Blut im Gesicht.

„Mir geht es gut, Romulus hat mich beschützt."

Die Eltern sehen auf den wieder kleinen Teddybären.

„Na gut, dass er das Cape von Sepp bekommen hat, der Superbär."

Ihre Eltern sehen sich an und nicken nur.

Julia weiß, ihre Eltern werden ihr immer noch nicht glauben, aber dass ist ihr egal. Sie ist unverletzt, dank Romulus.

Luna Day lebt mit ihrer Familie in Augsburg.

Bärchen Rosalie sucht das Glück

Rosalie zitterte, es war kalt hier unten auf dem harten Fußboden. Eine Träne rollte ihr durch das seidige Fell. Erneut versuchte sie, aufzustehen, doch es gelang ihr nicht. Immer wieder verlor sie das Gleichgewicht. Eine ihrer beiden Hinterpfoten, ihrer Füße, war viel zu klein, was sie immer wieder zu Fall brachte. Hatte man beim Kauf ihren Mangel entdeckt, wurde sie immer achtlos in eine Ecke abgelegt. Einmal hatte man sie sogar in hohem Bogen in ein Bett in der Ausstellung geworfen. Das war die bequemste Nacht, die sie bis jetzt in diesem Kaufhaus erlebt hatte, bevor eine fleißige Verkäuferin der Spielwarenabteilung wieder aufräumte. Aber das hier war ihr noch nie passiert.

„Du bist wunderschön", hatte Brummi, ein großer Bär, einmal zu ihr gesagt, mit dem sie sich angefreundet hatte. „Dein Fell ist so weich und in der Farbe schon fast golden." Er heftete ihr eine Blüte ins Ohr." Es hatte etwas gepikt, aber dafür saß sie ganz fest. Egal ob sie im hohen Bogen in den nächsten Korb, in ein Bett oder wie jetzt auf den Boden fiel.

„Sie ist rosa", hatte Brummi gesagt, „ab heute nenn ich dich Rosalie. Du bist hier also etwas ganz Besonderes, ein Spielzeug mit Namen." Brummi hatte sie in die Arme genommen und leicht gedrückt. „Du wirst schon sehen, bald kommt das richtige Kind und wird dich mit nach Hause nehmen."

Rosalie wurde es ganz warm ums Herz bei diesem Gedanken, genauso warm wie bei den Worten und der Umarmung von Brummi. „Aber wie erkenne ich denn das richtige Kind?"

„Hiermit." Brummi legte seine rechte Pfote auf ihr Fell an der Stelle, an welcher auch Bären ein kleines, winziges Herz besaßen, das jedoch sehr viel Platz für Freunde bot. „Im Gegensatz zu manchen hier", dabei warf er einen Blick nach oben zu den Puppen, „hast du wenigstens eines."

Kurz darauf hatte Rosalie mitansehen müssen, wie ein Kind nach

Brummi gegriffen hatte. Er konnte ihr gerade noch zuzwinkern, dann war ihr bester Freund weg gewesen.

Rosalie seufzte, zu oft sehnte sie sich nach ihm. Natürlich gab es um sie herum noch andere nette Spielzeugfiguren. SpongeBob war immer freundlich und brachte alle zum Lachen. Vor Spiderman hatte sie zuvor Angst gehabt, doch er entpuppte sich als sehr hilfsbereit und höflich. Die meisten waren nett, lediglich die Puppen machten ihr das Leben schwer. Als ob sie nicht schon genug Probleme hätte.

Ein hämisches Kichern drang an ihr Ohr und riss sie aus ihren Erinnerungen. „Oh, seht doch nur, unsere Prinzessin Rosalie ist im Dreck gelandet." Das war die Stimme einer Barbiepuppe und die anderen brachen mit ihr in Gelächter aus. „Hast du dort unten dein Schloss gesucht, Prinzessin von Schmutz?"

Rosalie hielt sich mit beiden Pfoten die Ohren zu. Wieder liefen Tränen durch ihr Fell. Seit sie hier war, machten sich die Puppen über sie lustig. Während sie selbst im Verkaufsregal immer weiter nach unten wanderte, ein Ladenhüter, den niemand wollte, standen diese immer gut sichtbar zum Verkauf bereit. Selten verbrachte eine Puppe länger als vier Wochen dort. Zu hübsch waren sie anzuschauen in ihren schicken Kleidern und mit ihren kunstvollen Frisuren. Farbige Pferde, Kutschen und sogar ein Schloss standen ihnen zur Verfügung. Nachts, wenn alle Menschen gegangen waren, feierten sie Partys und vergnügten sich. Niemand gehörte zu ihnen, niemand war ihnen fein genug. Sie blieben unter sich, probierten die schicksten Kleider und Schuhe aus, tanzten und sangen. Vor allem jedoch hatten sie ein Hobby, sich über Rosalie lustig zu machen.

„Wer will dich denn schon mit deinem Hinkefuß", hatte ihr einmal eine Puppe zugerufen und dieser Satz war schlimmer als alles andere gewesen. Diese Worte hatten sich tief in Rosalies Herz gegraben. Keiner wollte sie. Im ersten Augenblick war sie für die Menschen ein hübscher Teddy mit ihrem Röschen im Ohr, sahen sie dann aber ihre Füße, war es aus und sie wurde erneut achtlos weggelegt.

Hier unten auf den kalten Fliesen würde sie niemand mehr entdecken und aufräumen.

„Hoppla, da ist wohl ein Missgeschick passiert. Kannst du nicht alleine aufstehen?" Vor Rosalie hatte sich Spiderman unbemerkt abgeseilt. Wie so oft machte er nachts das ganze Kaufhaus unsicher und hatte am nächsten Tag dann immer viel zu erzählen.

„Nein", schniefte Rosalie. „Als ein Junge meinen Fuß entdeckte, hat er mich in hohem Bogen weggeschleudert."

„Gib mir mal deine Pfote, ich seile dich wieder zurück ins Regal. Und ihr dort oben", rief er den Barbiepuppen zu, „ihr werdet ganz schnell bei euren Kindern im Papierkorb landen, weil ihr sie nach kurzer Zeit langweilt. Was kann man denn schon anderes machen mit euch, als euch an- und auszuziehen? Nur wenige von euch haben ein Herz und taugen als Spielzeug. Niemals werdet ihr auf einem Sofa sitzen, wenn euer Kind schon erwachsen ist, weil man nichts so liebt wie einen Teddy, der einen die ganze Kindheit über begleitet hat. Teddys lachen und spielen mit ihnen oder trösten sie, wenn sie ängstlich sind. Ich habe schon gehört, dass es Kinder geben soll, die euch irgendwann die Haare abschneiden. Wisst ihr, wie ihr dann ausseht? Dann könnt ihr nur noch darauf hoffen, dass euch ein Kind mit einem sehr großen Herzen findet und trotz allem liebt."

Das hatte gesessen. Augenblicklich wurde es still im Regal der Puppen. Rasch hievte Spiderman Rosalie nach oben und ließ sie vorsichtig auf ein Regal nieder.

„Aber das ist nicht mein Platz." Rosalie schaute schüchtern die hübschen Teddys an, die hier saßen.

„Du bist genauso hübsch und hier hast du viel mehr Chancen, dass dich ein Kind sieht und mit nach Hause nimmt."

Und das Wunder geschah tatsächlich schon am nächsten Tag. Kurz vor Ladenschluss stand ein kleines Mädchen vor Rosalie. „Mama, schau doch nur, ein kleines Bärenmädchen, das will ich haben. Das dort mit der Blume im Ohr. Es ist so süß." Begeistert klatschte es in seine kleinen Händchen.

Rosalie wurde von der Mutter des Kindes vom Regal genommen. Sie drehte Rosalie nach allen Seiten, berührte sacht die kleine Blüte, strich zart über das Fell und stutzte. „Oh, Kirsten, aber das Bärchen hat zwei verschieden große Füße, hast du das gesehen?"

Kirsten sah Rosalie an, lächelte und nahm Rosalie in die Arme. „Macht nichts, Mama, das Bärchen ist so süß – auch mit dem kleinen Fuß. Kaufst du es mir bitte?"

So kam es, dass sich Rosalie abends im Bett an Kirsten kuschelte, die sie fest im Arm hielt. Und während das kleine Mädchen schon eingeschlafen war, lag Rosalie überglücklich noch lange wach. Brummi hatte recht behalten. Als sie das kleine Mädchen sah, fing ihr Herz heftig an zu pochen. Der Tag war so schön gewesen. Kirsten hatte sie überall herumgezeigt, mächtig stolz auf sie. Nach dem Abendessen hatten sie an einem winzigen Tischchen Lufttee getrunken, wie Kirsten ihr erklärt hatte. Sie hatte in den Tassen nichts entdecken können, außer eben Luft, aber Rosalie war überglücklich.

Sie sah sich im Halbdunkel des Zimmers um und blickte nach oben. An der Wand neben dem Bett hing ein Regal und auf ihm saßen viele Bären. Ein dunkelroter zwinkerte ihr zu und flüsterte ihr einen Willkommensgruß nach unten. Plötzlich hielt Rosalie ein zweites Mal an diesem Tag vor Überraschung den Atem an.

„Brummi", flüsterte sie, „wie kommst du denn hierher?"

Und bevor sie einschlief, erzählte er ihr, wie der Junge, der ihn damals gekauft hatte, ihn kurz darauf seiner Schwester, nämlich Kirsten, zum Geburtstag geschenkt hatte.

Priska Fiebig wurde 1959 in Karlsruhe geboren und schrieb ihr erstes Buch mit zwölf Jahren. Seit sie in Rente ist, hat sie schon einige Kurzgeschichten in Anthologieprojekten veröffentlicht. Unter ihrem Pseudonym Stella Lewis erschien ihr Debütroman „Tintenfeder des Todes" sowie ein Buch mit Kurzgeschichten. Zudem wurde 2018 ein Gedicht von ihr im Band „Bibliothek Deutschsprachiger Geschichte" herausgebracht.

Drei Teddybären auf der Couch

Es war ein regnerischer Tag. Jimmi, Timmi und Alfi hatten es sich auf der Couch gemütlich gemacht. In der Küche bereitete Peters Mutter Kakao für sie vor. Falko wollte gleich zu ihnen kommen.

Während sie warteten, quatschen Jimmi und Timmi über ihr Lieblingsthema Fußball. Alfi hatte es sich unterdessen auf einer Decke gemütlich gemacht und träumte vom Sommer.

Jetzt hörten die drei es an der Tür klingeln. Bald darauf erschien Falko. Peter verschwand gleich wieder. Der Kakao ließ auf sich warten. Hoffentlich trank Peter ihn nicht ohne sie.

„Hallo", sagte Falko.

„Hallo", riefen die drei Teddybären dem kleinen Affen zu.

Jimmi hatte einen Ball entdeckt. Den holte er sich jetzt auf die Couch.

„Lass mich mal", sagte Timmi und die beiden dribbelten etwas herum.

Da kam Peters Mutter herein, brachte eine echt riesige Tasse Kakao und stellte sie auf dem Tischchen vor der Couch ab. Dann hörte sie Peter rufen und ging wieder hinaus.

„Mmh, duftet das gut." Alfi baute den Geruch in seine Tagträume ein.

Jimmi und Timmi waren viel zu sehr mit ihrem Ball beschäftigt. Viel zu schnell hatte Peters Mutter das Zimmer wieder verlassen. Sie schossen mittlerweile den Ball ziemlich weit durch die Gegend. Da verlor Timmi doch tatsächlich beim Abschuss den Halt und der Ball flog gegen die Tasse mit dem Kakao.

„Oih." Jimmi staunte, Timmy schämte sich und Falko glotzte vergnügt die Tasse an.

Und dann geschah es: Die Tasse wurde größer. Jetzt war sie so groß, dass das Tischchen umstürzte. Die Riesentasse stand nun auf dem Fußboden vor der Couch. Die drei Teddybären und der Affe konnten hineinsehen.

Da kam Falko eine Idee. Er suchte etwas herum, bis er sie fand. Und dann warf er seinen Fund in den Kakao. Jetzt schwammen drei Kriegsschiffe im Kakao herum. Die vier Freunde kletterten auf den Tassenrand.

„Hast du noch ein viertes Schiff?", fragte Timmi.

„Leider nichts weiter gefunden", bedauerte Falko.

„Macht nichts. Ich schaue euch eh lieber zu wegen der Schiffe und so." Alfi war nämlich ein Pazifist. Oder einfach auch nur ein Träumer.

„Ich weiß was." Jimmi kramte etwas auf dem Schreibtisch herum. Dann kam er mit drei Hölzchen zurück. Peter hatte gestern damit gebastelt. Diese lagen noch lose herum. Er setzte sich wieder auf den Tassenrand und stieß mit dem Hölzchen ein Schiff an. Das Schiff schlingert im Kakao los.

„Ahoi", rief Falko.

„Was machst du?"

Falko rammte jetzt mit seinem Boot ein anderes im Kakao. Tropfen stieben in die Höhe.

„Na warte!" Jetzt machte Jimmi es ihm nach.

„Oh nein", rief Alfi dazwischen.

Timmi wollte nicht untätig bleiben und ruderte mit seinem Stäbchen ein Boot durch den Kakao. Auf einmal tobte eine Seeschlacht in der Tasse. Gischt aus Kakao flog zwischen den Booten auf. Alfi kommentierte jede Bewegung und forderte damit eine neue Attacke heraus. Es ging hoch her, am Tassenrand und im Kakao. Die vier Freunde johlten aus lauter Spaß.

Plötzlich ging die Tür auf: „Der schöne Kakao wird noch ganz kalt." Peters Mutter stand in der Tür, blickte rückwärts. Diesen Moment nutzten die vier Freunde und sprangen auf die Couch zurück. Dabei verhedderten sich Schiffe und Stäbchen und auch ein paar Kakaotropfen. Im Nu schrumpfte die Tasse wieder.

„Was ist denn hier los?" Peters Mutter schlug beide Hände über dem Kopf zusammen. Sie blickte auf einen umgestürzten kleinen Tisch, einen Scherbenhaufen und eine feuchte Kakaolache. In der schwammen drei Plastikboote aus den Ü-Eiern der letzten Tage. Sie sah auch die drei völlig bespritzten Teddybären und Roberts Affen.

„Ich wars nicht", beteuerte Lina und zeigte mit dem Finger auf Falko: „Der da wars. Der hat angefangen."

Peter und Robert waren ins Zimmer gekommen und besahen sich die Sauerei. „Mama, Lina sollte uns doch nicht stören. Jetzt siehst du, was sie wieder angerichtet hat."

„Aber, Peter, sie ist doch noch so klein. Sie weiß es doch noch nicht besser. Lass uns schnell sauber machen. Dann könnt ihr spielen."

Seufzend machten sie sich an die Arbeit. Sie räumten Tassenscherben weg, richteten das Tischchen auf und polierten Teppichboden, Teddybären und ihren Freund, den Affen. Und im Nu war die wilde Seeschlacht vergessen.

Syelle Beutnagel wurde 1972 in Braunschweig geboren. Neben ihrem Studium absolvierte sie eine Autorenausbildung. Seit 2020 arbeitet sie als freie Texterin. Die Autorin liebt Teddybären. Ihren ersten bekam sie zum Geburtstag von einer Freundin geschenkt. Das ist lange her, aber die Liebe blieb.

Entdecke die Welt, mein kleiner Bär!

Dies ist die Geschichte von Paul, dem kleinen Teddybären, und wie er die Welt entdeckte. Denn Paul war ein neugieriger und mutiger kleiner Bär, so ganz anders als alle anderen. Er war etwas ganz Besonderes. Und er hütete ein großes Geheimnis ...

„Jonas, wir müssen los! Beeil' dich!"
„Ja, Mama, ich muss nur noch schnell Paul tschüss sagen!" Jonas drückt seinem geliebten Teddybären einen dicken Kuss auf seine braune Nase und umarmt ihn noch mal ganz feste. „Bis nachher, Paul! Ich geh' jetzt in die Kita! Bleib schön da sitzen!" Und weg ist er.
Es ist ganz still im Haus. Paul sitzt wie immer auf dem Kopfkissen von Jonas' Bett, den Rücken an die Wand gelehnt. Bis zum Mittag würde er ganz allein sein. Aber halt! So ganz still ist es im Haus doch nicht, denn manchmal hört Paul auch die Katze – sie heißt Mimi –, die im Haus umherläuft.
Wenn man ihn so ansieht, würde man niemals meinen, er wäre in irgendeiner Weise ungewöhnlich. Er sieht aus wie ein ganz normaler Teddybär. Er hat genau die richtige Größe, um ihn abends mit unter die Bettdecke zu nehmen und mit ihm zusammen einzuschlafen. Sein Fell ist hellbraun und schon ganz schön abgekuschelt nach all der Zeit bei Jonas.
Der kleine Bär sitzt also fast jeden Vormittag auf Jonas' Bett. Was können Teddys sonst auch tun? Das ist nun mal ihre Bestimmung, das weiß ja jeder. Aber Paul ist eben kein gewöhnlicher Teddybär. Und er ist neugierig und mutig. Und das zeigt er uns nun.
Als Paul heute wieder so dasitzt, schaut er, wie so oft, aus dem Fenster von Jonas' Zimmer und seufzt leise. Vor dem Fenster steht ein großer Baum. Die Blätter wiegen sich leicht im Wind. Aber der Baum ist nicht allein, denn jeden Tag landen kleine Singvögel auf seinen Ästen und Zweigen. Paul mag sie sehr, weil sie so fröhlich zwitschern, was sogar durch das geschlossene Fenster deutlich zu hö-

ren ist. Doch er sieht nicht nur kleine Vögel, sondern gern beobachtet er auch, wenn Eichhörnchen den Baum hinaufflitzen und ihre große Freude daran haben, miteinander zu spielen. Paul findet ihr rotbraunes Fell wunderschön.

Ein weiterer leiser Seufzer. Unser kleiner Bär fragt sich, was da draußen wohl noch so alles ist. Er würde so gern auch einmal den Baum hinaufklettern und sich auf einen Ast setzen. Dann könnte er die Welt von oben sehen. Aber Teddybären können das doch nicht, einfach auf einen Baum klettern. Dafür sind sie nicht gemacht. Doch hier haben wir nicht mit Paul gerechnet, denn er ist anders als alle anderen Teddybären.

Heute ist die Neugierde und Sehnsucht so groß wie nie zuvor. Paul will es jetzt wissen! Und er findet, er hat oft genug nur dagesessen und auf Jonas' Rückkehr gewartet. Er will es wenigstens versuchen und einmal den großen Baum in seiner vollen Pracht sehen. Und vielleicht begegnet ihm auch eins der süßen Eichhörnchen. Ja, heute muss es unbedingt passieren! Der kleine Bär hält es nicht mehr aus. Er glaubt fest daran, irgendwie einen Weg nach draußen zu finden. Und er behält recht. Denn es ist ganz einfach …

Am Fußende von Jonas' Bett steht ein kleiner Hocker aus Holz. Paul krabbelt zum Fußende des Bettes, lässt sich vorsichtig hinunter auf den Hocker, dann ein kleiner Sprung auf den Boden.

Geschafft!

Er läuft auf seinen kleinen Beinchen bis zur Zimmertür, die – was für ein Glück – halb offen steht. Dann ist er im Flur. Es muss doch irgendwie einen Weg geben, das Haus zu verlassen, wenn man nicht – wie die Menschen das immer machen – einfach die Haustür benutzen kann. Denn dazu ist unser Teddybär natürlich viel zu klein. Es muss einen anderen Weg geben.

Die Zimmertüren, die vom Flur abgehen, stehen offen oder sind nur angelehnt. Diese Chance muss Paul nutzen! Mit seinen kleinen Ärmchen schiebt er die erste Tür etwas weiter auf, sodass er den Raum betreten kann. Es ist das Wohnzimmer. Unser kleiner Bär hat alle Räume und Zimmer schon einmal gesehen. Jonas trägt ihn schließlich oft im ganzen Haus herum.

Als er in der offenen Tür steht und umherschaut, springt Mimi plötzlich aus ihrem Katzenkörbchen und läuft in Richtung Terrassentür, die vom Wohnzimmer ausgeht, und sie verschwindet durch die daneben liegende Katzenklappe nach draußen. Die Katzenklappe!!! Das ist die Lösung! Paul ist jetzt ganz aufgeregt. Sein kleiner Körper zittert, weil er nun so kurz vor seinem Ziel ist. Wenn Mimi so leicht durch die Öffnung verschwinden kann, würde er das auch schaffen. Er wollte es auf jeden Fall versuchen.

Doch dann bekommt er plötzlich Angst. Seine braunen Äuglein blicken auf die Katzenklappe. Was, wenn es dort draußen gefährlich ist? Er weiß ja nicht, was da vielleicht noch so alles ist. Er kennt ja nur den Baum, die kleinen Vöglein und die Eichhörnchen.

… Hhhmmm … Soll er oder soll er nicht? Aber halt! Paul ist doch ein neugieriger und mutiger Bär. Und er denkt „Ich werde es nie erfahren, wenn ich es nicht einmal versuche." Sein kleines Herz klopft, er steht ganz still da. Und dann drückt er mit seinen Ärmchen die kleine Klappe nach vorne.

Es geht ganz leicht. Und er ist draußen!

Paul traut sich nicht, sich zu rühren, und seine Äuglein werden ganz groß. Ooooohhhh, wie beeindruckend das alles ist! Eine ganze Weile steht er einfach nur da und kann nicht glauben, wie schön alles ist, was er sieht. So viel Grün! Unser kleiner Bär sieht zum ersten Mal den grünen Rasen, die vielen Büsche und Hecken, die das Grundstück umsäumen und die blühenden Blumen.

Dann blickt er nach rechts und da steht der Baum, den er jeden Tag von Jonas' Fenster aus sehen kann. Paul kann sich nicht sattsehen an allem. Wie viel interessanter das ist, als immer nur auf dem Kopfkissen zu sitzen und zu warten, bis Jonas zurückkommt.

Und es wird noch spannender für unseren kleinen Bären. Denn als er so dasteht und aus dem Staunen nicht herauskommt, kommt aus einem der Büsche plötzlich ein kleines Tier auf ihn zu. Ein Tier mit ganz vielen Stacheln und kurzen Beinchen. Paul blickt es fasziniert an und rührt sich nicht. Was ist das? Und ist es gefährlich? Er weiß ja nicht, dass das nur ein Igel ist, vor dem er sich wirklich nicht fürchten muss.

Der Igel bleibt vor Paul stehen und guckt ihn an. Und Paul guckt den Igel an. Vielleicht fragt das Stacheltier sich auch gerade, was das wohl für ein seltsames felliges Wesen ist, das da steht. Aber dann scheint Paul für den Igel nicht mehr interessant zu sein und das Tierchen trippelt auf seinen kleinen Beinchen weiter und verschwindet im nächsten Busch.

Unser kleiner Bär hat jetzt schon eine Weile da gestanden und tief beeindruckt alles angesehen. Er weiß natürlich, dass Jonas am Mittag zurückkehrt. Und dass der sich ganz schön erschrecken würde, wenn sein Teddybär nicht mehr auf seinem Bett sitzt. Aber nun weiß er, wie er ganz einfach das Haus verlassen kann. Und er will ganz bestimmt noch viel mehr sehen als nur den kleinen Igel. Also krabbelt er schnell wieder hinein ins Haus, läuft zurück in Jonas' Zimmer, schiebt die Tür mit seinen Ärmchen wieder so hin, wie sie war, klettert auf den Hocker und setzt sich wieder auf das Kopfkissen.

Und dreimal dürft ihr raten, was unser kleiner mutiger Bär morgen wieder unternimmt, wenn es still wird im Haus.

Wenn also auch euer Teddybär etwas ganz Besonderes ist, solltet ihr gut auf ihn aufpassen, denn er liebt euch sehr. Schaut ihm tief in die Augen und ihr werdet sehen, dass auch er euch anschaut. Er beschützt euch, wenn ihr schlaft. Und wenn ihr glaubt, er sitzt nur stumm auf eurem Bett, wenn ihr nicht zu Hause seid, dann täuscht ihr euch vielleicht.

Stephanie Haddenga, geboren 1968 in Norden/Ostfriesland, seit 1991 wohnhaft in Hamburg, Fremdsprachensekretärin. Ihre große Leidenschaft sind Bücher und Musik. Sie hat vor einem Jahr angefangen, Kurzgeschichten für Kinder und Erwachsene zu schreiben. Zwei Kurzgeschichten sind inzwischen in Anthologien zweier Buchverlage aufgenommen worden. Außerdem schreibt sie mit Begeisterung und mit großem Erfolg Leserbriefe an verschiedene Tageszeitungen und Magazine.

Verlassen

Honey blickte zum Fenster hinaus. Sechs Wochen Schulferien waren rum und heute lernte er seine neue Klasse kennen. Er würde ihnen, wie so vielen Erstklässlern, wieder Lesen und Schreiben beibringen. Eigentlich waren es die Lehrer, die den Kindern das beibrachten, aber Honey spielte eine wichtige Rolle. Der Teddybär half den Lehrenden, den Kindern die richtigen Buchstaben zu zeigen. Er liebte seine Aufgabe. Immerhin war es ja wichtig, dass man lesen und schreiben konnte.

Da öffnete sich die Tür. Es kamen vier Handwerker herein und packten alles zusammen. In den vergangenen Wochen waren die Bilder und Buchstaben von den Wänden verschwunden. Honey fragte sich, wie die Kinder die lernen sollten. Doch kurz darauf kamen andere und montierten Monitore. Neue Tische mit Touchdisplay wurden hereingebracht. Einer der Arbeiter kam und nahm ihn hoch.

„Sieh dir mal dieses archaische Stück an. Honey hießen doch diese Teddys. Mit ihnen habe ich auch schon schreiben und lesen gelernt. Schade um den alten Kameraden. Jetzt haben die Kinder diesen interaktiven Lernfisch auf dem Display – Flippy oder so ähnlich. Ob das wirklich besser ist als unser alter Honey? Ich werde ihn zu den Tischen stellen, dann können wir ihn morgen zur Deponie bringen", erklärte er. Der andere nickte zustimmend.

Wohin sollte er? Auf eine Deponie? Er war doch kein Abfall! Wieso sollten die Kinder mit einem digitalen Fisch besser lernen als mit ihm? Man hatte ihn einfach ausgemustert und das, nachdem er ganzen Generationen von Erstklässlern Lesen und Schreiben beigebracht hatte! Wenn es dunkel wurde, musste er hier weg! Er wollte nicht auf eine Deponie.

Bisher hatte Honey nachts geschlafen. Diesmal blieb er wach und überlegte, wie er entkommen konnte. Vielleicht aus dem Fenster? Das hatte der Teddy noch nie gemacht. Entschlossen sprang er auf das Fensterbrett. Warum musste dieser Fenstergriff so elend hoch sein? Er reckte sich, so weit er konnte, und es gelang ihm: Das Fenster schwang auf. Nichts wie weg von hier.

Traurig wanderte Honey durch die Stadt. Wo sollte er hin? Wer würde sich um ihn kümmern, ihn lieb haben? Die Erstklässler hatten ihn oft genug geknuddelt. Er wusste, wie sehr sie ihn mochten. Ob sie diesen blöden Fisch mochten? Er glaubte das nicht. Den konnte man nicht mal anfassen. Ohne dass er es gemerkt hatte, war er aus der Stadt hinausgegangen. Verwirrt blickte er sich um. Wo war er gelandet? Beklommen lief er weiter. Überall gab es große Container. Honey blickte neugierig hinein. Was war denn das? Überall war verschiedenster Abfall drin. Interessiert ging er weiter.

„He du, hier oben!", hörte er da eine Stimme.

Verwirrt blickte er sich um. Er sah am Rand eines Containers einen Stoffhasen. Der arme Kerl hatte nur noch ein Ohr und ein Auge. „Hallo, wer bist du denn?", begrüßte Honey den Fremden.

„Ich heiße Putzi. Leider wurde ich von meinem Jungen weggeworfen. Er ist jetzt groß, weißt du?", erklärte der Hase.

„Und er hat dich einfach weggeworfen?", erkundigte sich Honey bestürzt.

Der Hase nickte. „Du siehst ja, wie ich aussehe. Ich glaube, er wollte mich nicht mehr reparieren und für seine Kinder bin ich vermutlich auch nicht ansehnlich genug. Es gibt hier viele solcher Stofftiere. Wir sollen verwertet werden, was immer das auch bedeutet."

Der Bär wurde langsam unruhig. Was für ein seltsamer Ort.

„Es ist besser, wenn du abhaust. Mein Junge hat mal was von einem Laden in der Stadt gesagt, irgendetwas mit Secondhand. Aber dafür sei ich zu kaputt. Der ist in der Stadtmitte. Da finden abgelegte Stofftiere neue Eigentümer", erklärte Putzi.

Honey überlegte. Er kannte die Stadt nur vom Hörensagen. Im Heimat- und Sachkundeunterricht hatten sie früher über die Stadt gesprochen. Hoffentlich war auch alles so, wie sie es gelernt hatten. Er würde es herausfinden. Doch wie sollte er dieses Secondhand nur finden?

Honey verließ die Deponie. Nicht, dass er am Ende auch noch verwertet wurde. Nun irrte er durch die Stadt. Wo sollte er nur suchen? Eilig lief er durch die Einkaufsstraße. Bestimmt war der Laden hier irgendwo. Wenigstens konnte er die Schilder lesen. Doch nirgendwo so etwas wie Secondhand. Ernüchtert setzte er sich auf einen Randstein und beobachtete die Menschen, die um ihn herum hektisch durch die Straßen eilten. Noch war niemandem der Teddy aufgefallen, der durch die Straßen schlich. Die Menschen waren viel zu beschäftigt, um auf ihn zu achten. Honey war verzweifelt. Er wusste nicht, was er tun sollte. Doch was war das? Da lief doch eine junge Frau mit einer Stofftasche in der Hand an ihm vorüber. *Tillys Secondhand* prangte darauf. *Pappelweg 6*, stand dort! Den kannte Honey! Er hatte im Heimat- und Sachkundeunterricht gut aufgepasst. Auch den Stadtplan hatten dort Kinder durchgenommen. Er wusste, wohin er musste. Eilig machte er sich auf den Weg.

Es war ein ganz schönes Stück, das Honey noch zu gehen hatte. Es wurde bereits hell, als er vor Tillys Secondhand ankam. Oh nein! Der Laden war noch geschlossen! Wie sollte er jetzt nur hineingelangen? Doch da war ein schmales, gekipptes Kellerfenster. Es war seine einzige Chance. Mit viel Geschick quetschte er sich durch den schmalen Spalt. Jetzt musste er nur noch nach oben.

Honey blickte sich neugierig um. Hier gab es alles Mögliche, alles Dinge, die andere Leute hier abgegeben hatten.

„He, wer bist du denn?", hörte er plötzlich eine Stimme.

Suchend sah er sich um. „Ich bin Honey. Ich habe gehört, dass man hier neue Besitzer finden kann", erklärte er.

„Ja, das stimmt. Du siehst ja noch ganz ansehnlich aus. Vielleicht hast du ja Glück. Die meisten von uns sind nur kurz hier. Aber andere auch schon länger", erwiderte die Besitzerin der Stimme, eine Puppe mit blauem Kleid. „Morgen früh wirst du es ja sehen", meinte sie. „Ich heiße übrigens Babsi", stellte sie sich vor.

„Freut mich, dich kennenzulernen, Babsi", erwiderte der Bär. „Warum bist du hier?", wollte er wissen.

„Meine frühere Besitzerin ist jetzt groß und wollte mich nicht mehr. Da hat sie mich verkauft. Und du?", erklärte die Puppe.

Honey kratzte sich am Kopf. „Ich war früher in einer Schule. Aber jetzt haben sie alles digitalisiert und mich durch einen virtuellen Fisch ersetzt. Da braucht mich keiner mehr", erwiderte er traurig.

Doch Babsi hielt ihm freundlich die Hand. „Es gibt auch für dich ein Zuhause", machte sie ihm Hoffnung.

Als der Laden am Morgen öffnete, strömten viele Kunden herein. Auch etliche Kinder kamen mit ihren Eltern.

„Guck mal, Mama, da ist ein Bär! Bitte, darf ich den haben, der ist so süß!", ertönte da eine Stimme. Gleich darauf wurde Honey hochgehoben und fest an die Kinderbrust gedrückt.

„Ach, Shoshana, dafür haben wir doch gar kein Geld! Wir sind hier, um was Nützliches zu finden", erwiderte die Mutter.

Doch das Mädchen ließ nicht locker. „Bitte, Mama!", quengelte es.

Die Mutter lächelte gequält. „Was soll der Bär denn kosten?", wollte sie von der Verkäuferin wissen.

Die blickte Honey etwas verdutzt an. „Seltsam. Ich kann mich gar nicht erinnern, dass wir den angenommen haben. Wissen Sie was, den gebe ich Ihnen so. Sie sind ja gewissermaßen Stammkunden", erwiderte sie.

Shoshana lächelte selig und bedankte sich bei der Verkäuferin. Honey aber war so glücklich wie noch nie. Endlich hatte er jemanden, der ihn lieb hatte. Bestimmt konnte er dem Mädchen auch helfen, lesen und schreiben zu lernen, wie er es früher bei den Kindern in der Schule getan hatte. Jetzt hatte er ein neues Zuhause, endlich war seine Suche beendet.

Florian Geiger, *wohnhaft in Lörrach, geboren am 10. Februar 1982 in Heidelberg, schreibt seit seiner Kindheit gerne Geschichten, besonders aus den Bereichen Science-Fiction und Fantasy. Bisher konnte er Kurzgeschichten in verschiedenen Verlagen veröffentlichen. Website: https:// floriantobiasgeiger.jimdofree.com, Friendica im Fediversum: https:// opensocial.at/profile/anarcheron*

Plüschplausch

Ich bin ein Kuscheltier, so weich und warm,
man findet mich hier, daheim und in jedem Arm.
Zum Kuscheln stets bereit,
kuscheln wir ganz kuschelig jederzeit.
Ein Plüschplausch schafft Geborgenheit.

Susanne Ulrike Maria Albrecht *hat bereits zahlreiche Werke veröffentlicht und wurde mehrfach ausgezeichnet. Beim vierten internationalen Wettbewerb „Märchen heute" belegte sie den ersten Platz.*

Ich, Berlios

Mein Name ist Berlios. Ich habe hellbraunes, gelocktes, kurzes Fell, schwarze Knopfaugen und große Bärentatzen. Ich bin der Teddybär von Niklas. Ich bin nicht der allergrößte Teddy, aber genau richtig groß, dass Niklas mit mir kuscheln und mich überallhin mitnehmen kann. Ich gehöre zu Niklas, seit er auf der Welt ist, also nun fast sieben Jahre lang. Niklas geht sehr liebevoll mit mir um. Wir haben viel Spaß miteinander und ich habe Niklas auch schon oft helfen können. Vor allem im Kindergarten. Die ersten Wochen im Kindergarten waren nämlich für Niklas alles andere als einfach. Er hat viel geweint damals, weil er sich anfangs so gar nicht wohlfühlte ohne seine Mama in der fremden Umgebung. Niklas tat mir so leid, dass ich beinahe mitgeweint hätte. Aber damit hätte ich ihm ja nicht weitergeholfen. Also habe ich ihm ganz leise in sein Ohr geflüstert, dass er nicht allein ist, dass ja ich bei ihm bin und ihn beschütze und dass er keine Angst zu haben braucht. Das hat ihn getröstet – und ab da hat er auch nicht mehr so viel geweint.

Aber trotzdem wollte er lange nicht mit den anderen Kindern spielen. Wir zwei haben meistens allein in der Spielecke gestanden, er hat mich ganz fest im Arm gehalten und an sich gedrückt. Niklas hat zugeschaut, wie die anderen Kinder fröhlich miteinander gespielt haben. Wenn sie ihn gefragt haben, ob er denn nicht mitspielen wolle, hat er den Kopf geschüttelt. Aber ich bin ja ein sehr neugieriger Teddy, und als ich eines Tages ein großes Feuerwehrauto in der Spielecke entdeckte, habe ich mich nicht mehr zurückhalten können und bin von Niklas' Arm gehüpft. Niklas hat mich ganz erstaunt angesehen, schließlich bin ich noch nie zuvor von seinem Arm gesprungen.

„Niklas", habe ich leise zu ihm gesagt, „ich möchte so gerne mit dir mit dem großen Feuerwehrauto spielen."

Niklas war zuerst unsicher und hat gezögert, aber dann hat er tatsächlich danach gegriffen. Es war ein echt riesengroßes Feuerwehrauto. Es war so groß, dass Niklas mich sogar auf den Fahrersitz setzen konnte. Als ich im Wagen saß, hat Niklas die Autotür zugemacht und mich quer durch das Zimmer geschoben. Das hat uns beiden so viel Spaß gemacht, dass wir das dann jeden Tag im Kindergarten gespielt haben. Und eines Tages hat ein anderer Junge namens Oscar mit einem ähnlichen Feuerwehrauto gespielt. Auf dem Fahrersitz saß ein Krokodil. Oscar hat das Krokodil geschoben – genauso wie Niklas mich. Oscar hat zu Niklas gesagt, dass sein Krokodil Schnappi heißt, aber dass es nie nach jemandem schnappt. Niklas hat zu Oscar gesagt, dass ich Berlios heiße. Und ab da waren wir vier beste Freunde. Die ganze Kindergartenzeit haben wir gemeinsam gespielt, gelacht und auch ab und zu gestritten.

Heute ist der letzte Tag der Sommerferien. Es sind schöne Wochen gewesen. Niklas, seine Eltern und ich haben zwei Wochen am Meer verbracht. Niklas hat am Strand Muscheln gesucht und in einem roten Eimer gesammelt. Er hat mit anderen Kindern Sandburgen gebaut und viel Eis gegessen. Natürlich war ich immer dabei. Und als wir wieder zu Hause waren, haben wir jeden Tag mit Oscar und Schnappi am Spielplatz gespielt. Wir hatten wie immer viel Spaß miteinander.

Doch grad heute, am allerletzten Ferientag, hat Niklas mich allein gelassen. Seine Mama und er haben miteinander geflüstert, dann sind sie weggegangen. Ohne mich. Ein bisschen traurig macht mich das schon, vor allem, weil ja morgen Niklas' Schule beginnt und ich dann die Vormittage ohne ihn verbringen muss. Doch ich muss nicht lange warten.

Gerade höre ich Geräusche an der Wohnungstür und die fröhlichen Stimmen und das Lachen von Niklas und seiner Mama. Jetzt wird die Kinderzimmertür geöffnet und Niklas steht vor mir. Er hält etwas hinter seinem Rücken versteckt und lächelt. Und dann ruft er: „Überraschung, Berlios!" Er hält mir das, was er hinter seinem Rücken versteckt hat, vors Gesicht. Es ist eine kleine Bärin mit dunkelbraunem Fell, die ein hübsches, rotes Kleid und eine rote Masche hinter ihrem Ohr trägt. Sie lächelt mich freundlich an.

„Darf ich vorstellen", sagt Niklas fröhlich. „Berlios, das ist Mascha." Er drückt mich fest an sich und sagt: „Jetzt weißt du, Berlios, warum ich dich nicht mitgenommen habe. Ich wollte dich überraschen. Weißt du, ich habe mit Mama im Spielzeugland nach einer passenden Freundin für dich gesucht, damit es dir nicht langweilig wird ohne mich, wenn ich vormittags in der Schule bin. Oscar hat für Schnappi auch eine Freundin bekommen. Ein kleines Krokodilmädchen, sie heißt Schnippi. Und Oscar und ich haben uns ausgemacht, dass wir morgen Nachmittag alle miteinander Schule spielen. Oscar und ich werden die Lehrer sein und du und Mascha, Schnappi und Schnippi seid unsere Schulkinder. Euer erster Schultag! Das wird bestimmt lustig werden."

Mascha und ich lächeln uns an. Ich freue mich, nun eine Bärenfreundin zu haben, und bin schon gespannt, was wir morgen Nachmittag am ersten Schultag von Niklas und Oscar lernen werden.

Lisa Dvoracek, *geboren 2003 in Wien, lebt ebendort. Sie engagiert sich für den Tierschutz und arbeitet ehrenamtlich in einem Tierschutzhaus. Ist eine Leseratte und schreibt sehr gerne Geschichten.*

Mein treuer Begleiter Kasimir

Ich blicke aus dem Fenster und sehe, dass heute schon wieder so ein verregneter Tag ist. Also führt mich mein Weg auf den Dachboden, um endlich meine Erinnerungen an die Kindheit zu entrümpeln, jetzt, wo meine Eltern beide verstorben sind.

In den letzten Jahren haben sich so viele Sachen angesammelt und ich weiß gar nicht, womit ich anfangen soll. Beim ganzen Hin- und Herräumen fällt mir plötzlich Kasimir in die Hände – mein Hase aus Kindheitstagen oder ist er nicht vielmehr ein Teddybär?

Ich erinnere mich noch, als ob es gestern gewesen wäre, mein heiß und innig geliebter Teddybär sollte lange Ohren erhalten. Aber warum? Nur weil meine beste Freundin damals den Hasen als Lieblingstier hatte. Bis heute trägt mein Teddybär deswegen lange Schlappohren aus kariertem Stoff.

Was habe ich nicht alles mit Kasimir zusammen erlebt, vom ersten Tag an war er mein treuer Begleiter durch dick und dünn, Seelentröster in traurigen Momenten und Glücksteiler bei Freude. Dabei musste er immer so viel durchstehen, dass er einem fast schon leidtun kann. Wie oft ist er früher durch die Luft geflogen – um Aufmerksamkeit bei meinen Eltern zu erhalten. Eines Tages landete er beispielsweise an der Kaminscheibe. Daran erinnert bis heute der schwarz verkohlte Schwanz. Während meines Studiums in einer fremden Stadt war er meine Konstante. Oft musste er mich bei Spaziergängen durch die Stadt begleiten – fand Platz in einem Stoffbeutel und hing locker leicht über meiner Schulter.

Andere Freunde trennten sich in der Pubertät von ihren Kuscheltieren, doch ich konnte Kasimir einfach nicht loslassen – er erinnert mich an so vieles aus meiner Vergangenheit und gibt mir immer wieder Stärke.

Weiß ich doch noch genau, als meine Oma es gut gemeint und seine aufgerissene Naht am Arm zugenäht hatte. Aber für mich gehörte sie als junges Mädchen einfach dazu und plötzlich war Kasimir nicht mehr mein Kasimir – und so musste die frisch genähte Naht wieder aufgetrennt werden. Und so ist sein Arm bis heute kaputt.

Wie ich in meinen Erinnerungen schwelge, merke ich gar nicht, wie mir Tränen über die Wangen laufen und mir plötzlich bewusst wird, dass ich mich die letzten Monate sehr allein gefühlt habe. Meine Eltern sind beide verstorben, mein Mann pendelt zwischen Arbeit, Hobbys und uns – und ich, ich habe das Gefühl, nicht genug zu sein und nur zu funktionieren.

Da drücke ich Kasimir fest an mich und bilde mir ein, seine Stimme zu hören: „Du bist gut so, wie du bist. Du bist eine starke Frau und hast schon so viel in deinem Leben erreicht, auch wenn das Leben gerade aus Scherben besteht, kommen wieder Zeiten, wo es aufwärtsgeht und bis dahin sind dein Mann und ich immer für dich da."

Noch eine Weile sitze ich mit meinem innig geliebten Kuscheltier auf dem Dachboden, bis ich beschließe, ihn mit ins warme Wohnzimmer zu nehmen. Dort befreie ich ihn von den langen Ohren und auch seine Wunde am Arm wird endlich genäht. Schließlich soll er schön sein, wenn ihn irgendwann meine eigenen Kinder in den Händen halten. Denn auch sie sollen einen Teddy haben, der sie durch dick und dünn begleitet, Seelentröster ist und immer ein offenes Ohr hat.

Und bis es so weit ist, wird Kasimir einen Platz in unserem Schlafzimmer erhalten und mir in allen Situationen Halt geben.

***Julia Kohlbach** wurde 1995 in Thüringen geboren. Nach erfolgreichem Studium der Bibliotheks- und Informationswissenschaft arbeitet sie als Bibliothekarin. Wenn sie sich nicht gerade dem Kreativen Schreiben widmet, geht sie wandern, arbeitet im Garten oder fertigt Handarbeiten an. Erste Veröffentlichungen erfolgten in diversen Anthologien und im Online-Magazin KKL.*

Willys und Lillys erstes Abenteuer

Der kleine Bär Willy lebte mit seiner Familie in einem Wald. Fernab von Dörfern und Städten. Es war eine schöne Landschaft. Ringsherum waren Wälder, Wiesen und Berge. Sogar ein Fluss durchquerte das Land. Willy hatte noch eine Schwester und sie hieß Lilly. Mama Bär und Papa Bär gingen jeden Tag mit den Kindern zum Fluss. Dort spielten sie mit anderen Bärenkindern. Sie spielten Fangen, tobten auf den Wiesen, spritzten einander nass oder spielten Verstecken. Eines Tages überraschte plötzlich ein starker Sturm die Tiere. Jedes Tier versuchte, Schutz zu finden. Die Kinder rannten zu ihren Eltern. Nur Willy und Lilly nicht. Ihr Weg zu ihren Eltern wurden von umfallenden Bäumen versperrt. Unter einer großen Tanne fanden sie Schutz. „Mama, Papa!", riefen sie immer wieder.

„Willy, ich habe Angst. Was machen wir, wenn wir Mama und Papa nicht mehr wiederfinden?", fragte Lilly.

Willy legte sich neben Lilly. Sie kuschelte sich an Willy. Kleine Tränen liefen ihr Gesicht hinunter.

„Hab keine Angst, Lilly. Wir werden sie finden. Wenn sich der Sturm gelegt hat, suchen wir sie", antwortete Willy.

Sie lauschten dem Klang des Windes. Blitze erhellten den Himmel und Donner schallte über das Tal. Sie hörten, wie Äste brachen und Bäume umfielen. Dann wurde es ruhiger.

„Lilly, hör doch! Der Sturm lässt nach. Jetzt dauert es nicht mehr lange und wir können Mama und Papa suchen", sagte Willy.

„Hoffentlich ist ihnen bei dem Sturm nichts passiert", antwortete Lilly. Dann zeigte sich ein Sonnenstrahl durch die Tanne.

„Komm, Lilly. Gehen wir zurück", sagte Willy.

Aber als sie unter der Tanne hervorkamen, sah plötzlich alles anders aus. Der Sturm hatte den Wald verwüstet, der Fluss war über das Ufer gestiegen und auch andere Tiere suchten ihre Familie.

„Es hilft alles nichts. Wir müssen Mama und Papa finden", sagte Willy.

„Aber wo sollen wir anfangen?", fragte Lilly.

„Wir werden flussaufwärtsgehen. Irgendwo muss unsere Wiese sein. Dort werden wir bestimmt Mama und Papa finden", sagte Willy.

Sie liefen den Fluss entlang. Immer weiter hinauf. Da sahen sie einen kleinen Hasen, der aufgeregt hin und her hoppelte.

„Was ist passiert?", fragte Lilly freundlich.

„Ach, etwas Schreckliches ist passiert. Ich habe nicht auf meine Eltern gehört. So hoppelte ich aus dem Bau, weil ich den Sturm sehen wollte. Nun sitze ich hier auf der falschen Seite des Flusses und komme nicht mehr hinüber. Und ich weiß nicht, wo ich bin", sagte der kleine Hase traurig.

„Dann komme mit uns. Wir suchen auch unsere Eltern. Ich bin Willy und das ist Lilly."

„Ich bin Tommy. Ja, gehen wir gemeinsam."

So liefen sie zusammen weiter den Fluss hinauf. Kurze Zeit später trafen sie auf einen kleinen Fuchs. Auch er lief auf und ab. Er rief: „Mama. Papa. Wo seid ihr?"

„Hey, kleiner Fuchs. Was ist bei dir passiert?", fragte Tommy.

„Ach, wisst ihr, ich habe ein Mäuschen gejagt und nicht auf meine Eltern gehört, als sie mich gerufen haben. Jetzt sitze ich hier auf der falschen Seite des Flusses und komme nicht rüber. Und meine Eltern sehe ich nicht mehr."

„Hey, auch wir müssen hinüber und suchen unsere Eltern. Komm mit uns. Gemeinsam schaffen wir das. Ich bin Tommy. Das sind Lilly und Willy."

„Ich bin Micky." So gingen sie gemeinsam weiter.

„Hilfe! Helft mir bitte!", hörten sie plötzlich.

Sie schauten sich um. „Da, seht mal. Auf dem Fluss sitzt auf einem Stück Holz ein kleiner Igel", sagte Lilly.

„Wir helfen dir", rief Willy. „Lilly, du hältst mich fest. Ich werde versuchen, ihn dort herauszuholen." Er ging in den Fluss und Lilly packte ihn von hinten an seinen Hinterbeinen. Willy streckte sich und konnte gerade so das Stück Holz packen und holte den kleinen Igel aus dem Wasser.

„Vielen Dank! Das Wasser hat mich überrascht, als ich gerade mein Obst essen wollte. Wäre ich doch lieber bei meinen Eltern geblieben", sagte er traurig.

„Ich bin Lilly. Das sind Willy, Tommy und Micky. Wir suchen auch unsere Eltern. Komme mit uns!", sagte sie freundlich.

„Ich bin Denny."

So machten sich zwei Bären, ein Fuchs, ein Hase und ein Igel auf dem Weg. Gemeinsam vergaßen sie ihren Kummer und sie sangen und lachten auf ihrem Weg.

„Willy? Hast du auch das Gefühl, dass wir schon zu weit gelaufen sind?", fragte Lilly.

Willy blieb stehen und sah sich um. „Du hast recht. Diese Gegend kennen wir nicht."

„Und was nun?", fragte Micky. Da knurrte Mickys Magen.

„Wir werden hier Pause machen und etwas essen. Dann überlegen wir uns, was wir tun", antwortete Willy.

Micky, Tommy und Denny gingen in den Wald, um etwas Essbares zu finden. Willy und Lilly blieben am Fluss und fingen sich einen Fisch.

Da kam ein kleiner Adler angeflogen. „Hey, was macht ihr denn hier am Adlerfelsen? Bären kommen nie hierher", sagte der Adler.

Lilly und Willy sahen zu ihm, der gerade auf einen Stein gelandet war. „Wir sind hier am Adlerfelsen? So weit entfernt von der großen Wiese?", fragte Willy.

„Ach, ihr kommt von der Wiese? Lasst mich raten, ihr habt eure Eltern bei dem großen Sturm verloren und sucht sie jetzt. Hab ich recht?", fragte der Adler.

Tommy, Micky und Denny kamen aus dem Wald zurück. „Ein Adler? Hier?", fragte Tommy.

„Ja. Wir sind hier am Adlerfelsen. Wir sind zu weit gelaufen", antwortete Lilly.

„Ihr seid schon ein komischer Haufen", sagte der Adler lachend.

„Kannst du uns sagen, wie wir zur großen Wiese kommen?", fragte Willy.

Der Adler plusterte sich auf: „Ihr müsst wieder zurücklaufen. Immer am Fluss entlang. Dann kommt ihr direkt darauf zu."

„Aber wir sind doch die ganze Zeit am Fluss entlanggelaufen. Da hätten wir die Wiese sehen müssen", sagte Denny.

„Das stimmt. Aber der Fluss war zu hoch und hat die Wiese überflutet. Deshalb habt ihr sie nicht gefunden. Aber seht mal! Der Fluss ist inzwischen zurückgegangen. Jetzt werdet ihr die Wiese finden.

Da wäre nur ein Haken. Ihr müsst auf die andere Seite", antwortete der Adler.

„Wir werden uns ein Floß bauen. Dann schaffen wir das", sagte Willy.

So sammelten sie Holz zusammen und verbanden es mit langen Grashalmen. Der Adler beobachtete sie dabei.

„Fertig. Jetzt können wir zurück", sagte Willy stolz. Er stieg als Erster auf das Floß. Lilly, Tommy, Denny und Micky folgten.

„Dann viel Glück. Eines Tages werden wir uns wiedersehen", sagte der Adler und flog davon.

Langsam trieb das Floß den Fluss entlang. Vögel und Schmetterlinge flogen um ihre Köpfe herum. Dann erkannten sie ihre Gegend.

„Da! Da vorne ist die Wiese!", rief Willy.

„Wir haben es geschafft", sagte Denny freudig.

„Unsere Eltern sind alle da", rief Lilly. Willy sprang in das Wasser und schob das Floß ans Ufer heran.

Jeder von ihnen rief: „Mama! Papa! Wir sind wieder da." Da sprangen alle von dem Floß und rannten in die Arme ihrer Eltern. Die Freude war groß. Jeder erzählte, was er erlebt hatte. Natürlich erfanden sie ihre Geschichten. Der eine war Käpt'n, der andere Pirat. Der eine war ein Held und hatte alle befreit. Sie hatten sogar mit einem Monster gekämpft.

Aber alle sagten gemeinsam: „Wir waren am Adlerfelsen. Und wir trafen wirklich einen Adler." Sie waren erleichtert, wieder zu Hause zu sein. Alle Kinder versprachen ihren Eltern, dass sie in Zukunft auf sie hören würden, damit so etwas nicht noch einmal passieren würde. Dann feierten sie ein großes Fest. Die fünf wurden dicke Freunde. Sie erlebten noch viele weitere tolle Abenteuer. Aber das werdet ihr ein anderes Mal erfahren.

Anke Ortmann *ist 46 Jahre alt. Sie arbeitet als Betreuerin in der Mildred-Harnack-Schule. Dort leitet sie mit einer Kollegin den Buchclub und nimmt gerne an Ausschreibungen teil.*

Auf geheimer Mission

Die Dämmerung senkte sich auf das Kinderzimmer herab. Bärla lehnte mit dem Rücken an den Stäben des Gitterbettchens und lauschte. Bald war es so weit. Wenn die hinabkriechenden Schatten den Boden erreichten, würden sie kommen. Sie, die Unaussprechlichen, die sich geschworen hatten, jede zarte Kinderseele mit Angst, Wut und Hass zu vergiften.

Bärla betrachtete fürsorglich das regelmäßige Heben und Senken eines winzigen Brustkorbs. Klein Luise schlief tief und fest. Ihr engelsgleiches Gesicht wirkte unschuldig. Bärla wurde bei diesem Anblick warm ums Herz. Zeitgleich wuchs ihre Nervosität. Bärla streckte ihre Schlenkerbeine. Sie war jung und dies war ihr erster Einsatz für den Geheimdienst, dennoch würde sie nicht zulassen, dass die Monster Klein Luise etwas antaten.

Das ramponierte Gesicht ihres Ausbilders tauchte vor Bärlas innerem Auge auf. Es trug die Spuren unzähliger Schlachten. Sogar ein Auge hatte er verloren. Er trug seine Blessuren mit Stolz, zeugten sie doch von seinem Erfolg. Die Unaussprechlichen seien nicht bei jedem Kind gleich aggressiv, hatte er erklärt. Manchmal hielt sie allein die Anwesenheit eines Agenten von ihren finsteren Machenschaften ab. Doch manche Kinder wollten sie offenbar mit aller Macht in ihre Fänge bekommen.

Ein Zischen ließ Bärla aufhorchen.

Sie waren hier.

Im Kinderzimmer.

Nervöses Kribbeln durchfuhr Bärla. Rasch straffe sie ihre felligen Schultern.

Sie war bereit.

Eine Bewegung auf dem Boden zog ihre Aufmerksamkeit auf sich.

„Verschwindet. Dieses Kind steht unter meinem Schutz", rief sie in die Dunkelheit.

Etwas kicherte höhnisch.

Ihre Anwesenheit schreckte die Monster also nicht ab, erkannte Bärla. Nun gut.

Sie besah sich kurz ihre Bewaffnung: Zwei Schnuller, einen Beißring und die Geheimwaffe für den Notfall.

Ein Rascheln und ein hässlicher, stachelbesetzter Kopf tauchten am Fußende des Kinderbettes auf.

Bärla hob den Beißring in die Höhe. „Noch hast du die Möglichkeit zu verschwinden", drohte sie.

Das Stachelwesen setze eine Klaue auf die Matratze und starrte sie mit funkelnden Augen an. Bärla schleuderte ihm den Beißring entgegen und traf den Gegner mitten auf die stachellose Nase. Mit einem würdelosen Quieken kippte das Monster hintenüber und verschwand unter dem Bett. Das Zischen um sie herum wurde lauter und wütender.

„Versucht das ja nicht wieder, ihr Unholde", raunte Bärla.

Klein Luise lächelte im Schlaf und Bärlas Entschlossenheit wuchs. Sie würde ihren Auftrag erfüllen, koste es, was es wolle.

Die Attacke kam unerwartet. Offenbar hatte sich ein weiteres Monster unbemerkt an einem der Bettpfosten emporgeschlängelt. Es näherte sich dem Kind, doch Bärla war schneller. Mit einem Satz warf sie sich dem Wesen entgegen und drückte ihm den Schnuller ins Auge. Offenbar bereitete das dem Monster Schmerzen, denn es zog sich unter Jaulen zurück.

Bärla blieb kaum Zeit zum Verschnaufen. Am Fußende erschien der größte Stachelkopf, den sie je gesehen hatte. Bärla erstarrte. Würde sie sich gegen so einen mächtigen Gegner behaupten können? Sie umklammerte den Schnuller und trat vor Klein Luise.

„Geh aus dem Weg, kleiner Bär", brummte das Monster. „Wir wollen sie, nicht dich."

Bärla hob den Kopf und starrte dem Wesen in die glühenden Augen. „Wenn du sie willst, musst du erst an mir vorbei."

Das böse Lachen ließ sie erschaudern. Sie durfte nicht versagen.

„Wie du meinst."

Das Knurren ging ihr durch Stoff und Füllwolle, dennoch würde sie standhaft bleiben. Sie hob den Schnuller über den Kopf. Die erste Attacke ließ sie taumeln. Die zweite riss ihr den Schnuller aus den Pfoten. Bärla rollte sich zur Seite. Ihr blieb keine Wahl. Sie zog ihre Geheimwaffe, eine funkelnde Goldmünze an einer Schnur.

Das zähnestarrende Wesen zögerte einen Moment. Es knurrte böse. Bärla konnte beinahe die Rädchen in seinem Stachelkopf arbeiten sehen.

Sie hielt die Münze wie ein Schild vor sich und bewegte sich auf das Monster zu. Zunächst wich es zurück und Bärla glaubte, es zum Aufgeben gebracht zu haben. Dann ertönte ein Fauchen und zwei weitere Stachelköpfe schoben sich die Matratze hinauf. Das erste Monster gab ein grausiges Triumphgeheul von sich und stürmte auf Bärla zu.

Die zog an der Schnur. Eine sanfte Melodie erklang. Klein Luise begann zufrieden zu glucksen und drehte sich zur anderen Seite. Bärla spürte ein Lächeln auf ihrem Gesicht. Fasziniert beobachtete sie die Wirkung der Melodie auf die Stachelmonster. Alle drei waren vom Bett gekippt und wanden sich unter Qualen auf dem Fußboden. Sie zuckten und schnappten, um sich kurz darauf aufzulösen.

Bärla jubelte. „Lasst euch das eine Lehre sein. Ihr bekommt sie nicht", rief sie in die Schatten.

Ein garstiges Zischen und das Getrappel zahlreicher sich entfernender Klauen drangen an ihr Plüschohr.

Sie würden es wieder versuchen. Das wusste Bärla. Doch sie hatte ihre erste Schlacht geschlagen und Klein Luise beschützt. Noch eine Weile lauschte sie der Melodie der Spieluhr, dann nahm sie ihren Platz neben dem Kopf des schlafenden Kindes wieder ein.

„Wir beschützen euch", dachte Bärla. „Das ist unserer Aufgabe, die geheime Mission der Teddybären."

Dominique Goreßen, Jahrgang 1986, lebt mit ihrer Familie im Westzipfel Nordrhein-Westfalens. Hauptberuflich schafft sie eine kunterbunte „Fantasiewelt" für Kindergartenkinder. Neben dem Schreiben sind Fotografie, orientalischer Tanz und Heavy Metal ihr Ausgleich zum Alltag. Eine Übersicht ihrer bisherigen Veröffentlichungen ist unter https://dominique-goressen.jimdosite.com sowie bei Instagram unter „Wortweltenschmiede" zu finden.

Bär

Es war nach einer durchfieberten Nacht, ich war so ungefähr vier oder fünf Jahre alt. Meine Mutter hatte die ganze Zeit an meinem Bett ausgeharrt, während sie meine heiße Hand hielt und ich mit den glühenden Füßen unter der Decke nach einer kühlen Stelle suchte. Dann war da dieses Geräusch gewesen, das mir durch meine Träume gefolgt war. Es war ein seltsames, unbekanntes Geräusch.

Inzwischen war es hell vor dem Fenster, ein milchiges Morgenlicht sickerte herein und beleuchtete den Sessel an meinem Bett, der nun leer war. Aber nein, da saß ja jemand.

Es war eine kleine, rundliche Gestalt, die nun an meinem Bett wachte. Unter den halb geöffneten Lidern begegnete mein Blick dem seinen. Seine lieben, treuen, braunen Bärenaugen schauten mich zum ersten Mal an.

Vorsichtig streckte ich die Hände nach ihm aus und nahm ihn zu mir auf das Polster. Als ich ihm half, seine Beine auszustrecken, machte er ein sonderbares Geräusch. Es war das Geräusch aus meinen Träumen. Es erinnerte mehr an das klägliche Blöken eines Schafes als an das Brummen eines Bären. Doch ich war begeistert,

„Er spricht mit mir! Er sagt Bäääääär!" Und da war auch schon sein Name gefunden.

So war er unversehens in mein Leben gekommen und sobald ich wieder ganz gesund war, begann eine wilde Zeit für uns beide. Kurzerhand wurde er von mir mit meinem blau geblümten Kopftuch an die Lenkstange meines roten Tretrollers gebunden.

Er wehrte sich nicht, nein, ganz im Gegenteil, er machte mit. Er war kein Kind von Traurigkeit, da waren wir uns ähnlich. Die Puppen Claudia und Lilli wurden aus dem Puppenwagen verbannt und er schlief fortan darin, wenn er nicht gerade mit mir ein neues Abenteuer erlebte.

Dann war er eines Tages verschwunden. Ich war verzweifelt. Wo war er denn hin? Brauchte ein anderes Kind seine Hilfe, weil es sehr krank war? Die ganz Familie war zur Bärensuche abkommandiert. Doch Bär blieb weg.

In der folgenden Nacht regnete es heftig, es blitzte und donnerte und ich konnte nicht schlafen. Ich sorgte mich um meinen Spielgefährten.

Als ich am nächsten Morgen verschlafen und traurig in meinen Frühstücksflocken stocherte, kam mein Vater aus dem Garten herein. Er hatte eine Runde ums Haus gedreht, um zu kontrollieren, ob das nächtliche Unwetter keine bleibenden Schäden an Haus und Dach hinterlassen hatte.

Ich traute meinen Augen kaum, was hielt er denn da in den Händen? Es war Bär, aber er war kaum wiederzuerkennen. Völlig durchnässt und schmutzig war er. „Wo kommst du denn her?", rief ich und schloss ihn glücklich in meine Arme.

Als er gesäubert war, musste er den restlichen Tag neben der Heizung verbringen. Zur Schlafenszeit war er immer noch nicht ganz trocken und der Föhn kam zum Einsatz.

Als wir dann einträchtig nebeneinander im Bett lagen, fiel mir erst auf, dass er noch gar nichts gesagt hatte. Seine blökende Bärenstimme war heute noch kein einziges Mal ertönt. Offenbar konnte er mir nicht verzeihen, dass ich ihn im Garten vergessen hatte – und so schwieg er fortan. Ich war sehr traurig.

Herbert, mein großer Bruder, wusste Rat. „Wir werden ihn röntgen, um zu sehen, was in seinem Bauch nicht stimmt", erklärte er mir und schritt gleich zu Tat.

Bärs Bauch wurde ganz nahe an Herberts Schreibtischlampe gehalten und Herbert behauptete, er könne nun das Innere von Bärs Bauch sehen. Dass Herbert Bär dieser Prozedur etwas zu lange aussetzte, sodass einiges von Bärs schönem Fell danach ganz angesengt war, sollte erst der Beginn der medizinischen Experimente meines Bruders sein. – Er ist übrigens mittlerweile ein renommierter Arzt geworden, aber aller Anfang ist schwer.

„Man muss ihn aufschneiden", gab Herbert seine wissenschaftlich untermauerte Diagnose zum Besten, „denn die Sprechblase in ihm drinnen ist nass geworden und muss außerhalb getrocknet werden!"

„Nein!!", rief ich ängstlich und legte meine Hände schützend über Bärs versengten Bauch. Aber da half nichts, Herbert hatte schon Mamas Nähschere parat.

Bär war wahnsinnig tapfer und sagte kein einziges Wort. Sein Innenleben war recht unspektakulär. Es bestand aus Wolle oder etwas Ähnlichem und unter all der Wolle fand sich dann auch eine kleine, schwarze Dose mit Löchern darauf. Die wurde dann auf die Heizung gelegt und siehe da, nach einigen Tagen der Trocknung ertönte aus ihr wirklich wieder das bekannte Blöken, vielleicht ein wenig leiser als zuvor, aber Bär hatte seine Stimme wiedergefunden.

Nach erfolgreicher Rückoperation nähte Mama Bärs Bauch so fein und sauber zu, dass der beste Chirurg vor Neid erblasst wäre. Mein Bruder war unglaublich stolz auf seine medizinische Expertise, der man Bärs Heilung zu verdanken hatte. Bestimmt war das der entscheidende Grund für seine spätere Berufswahl.

So vergingen die Jahre, ich wurde älter und auch an Bär nagte der Zahn der Zeit. Die Schule hatte mich längst schon seit vielen Jahren fest im Griff mit ihren zeitraubenden Aktivitäten. Bär beklagte sich nie, er war ein treuer Freund, der alles verstand, nichts forderte und alles hinnahm. Den ersten Liebeskummer, den ich tränenreich in sein abgegriffenes Fell schluchzte, genauso wie die vielen dunklen Jahre, die er in einer Kiste am Dachboden verbrachte.

Neulich habe ich dort oben einmal Ordnung gemacht, und als ich den Deckel einer verstaubten Schachtel öffnete, waren sie plötzlich wieder da, die lieben, treuen, braunen Bärenaugen.

Nun sitzt er wieder an meinem Bett und schaut mich an. Neuerdings kann er sogar richtig sprechen. Er sagt so Dinge wie: „Ich höre dir zu! Ich bin für dich da! Du kannst mir alles erzählen! Sag mir nur, was dich bedrückt!" Und das mach ich dann auch.

Eva Haring-Kappel: *Die in Graz geborene Autorin lebt heute mit ihrer Familie in einem alten Bauernhaus in der Südsteiermark. Mehr als dreißig Jahre war sie beim AMS-Österreich vor allem in der Jugendberatung tätig und kümmerte sich dort um Jugendliche und junge Erwachsene im Alter von 14 bis 25. Das Schreiben ist eine lebenslange Leidenschaft und viele Werke der Autorin finden sich in Anthologien, im Internet und in Literaturzeitschriften. Als Einzelautorin sind drei Jugendromane von ihr bei Papierfresserchens MTM-Verlag erschienen.*

Happy Birthday, Nicolas

Endlich ist der große Tag gekommen, Nicolas hat Geburtstag! Seine Mami hat alles schön dekoriert und sein Papi freut sich ganz fest. Es ist Nicolas erster Geburtstag und er weiß noch nicht so genau, was heute passiert. Aus der Küche duftet es lecker nach Kuchen und an der Haustür klingelt die Glocke. Es kommen ganz viele Menschen zu Besuch. Alle haben farbige Kisten mit Schleifen in der Hand. Er ist so fasziniert von den Farben und verschiedenen Formen. Sein Papi erklärt ihm, dass das Geschenke für ihn sind. Nicolas hat ein besonderes Geschenk gesehen. Es ist nicht eingepackt, sondern er sieht durch ein durchsichtiges Papier hindurch einen kleinen Teddy. Direkt streckt er seine Hände danach aus und sein Papi reicht ihm das Geschenk.

Das durchsichtige Papier knistert lustig, während Nicolas seine Finger darin vergräbt. Papi schält den Teddy vorsichtig aus der Verpackung und gibt ihn Nicolas. Der Teddy ist hellbraun mit schwarzen Knopfaugen. Um seinen Hals trägt er eine rote Schleife und sein Fell ist flauschig. An seinem Fuß hat es drei Kreise mit jeweils einem schwarzen Strich. Einen blauen, einen roten und einen gelben.

„Das sind Ballone und daneben steht *Happy Birthday*", erklärt sein Papi.

Er drückt den kuschelweichen Teddy ganz fest an sich. Nicolas packt, zusammen mit seinen Eltern, noch drei weitere Geschenke aus. Die anderen legt seine Mami zur Seite. Das Geburtstagskind ist von den vielen Eindrücken schon ganz müde. Und Nicolas will ja auch noch ein paar Stücken von dem leckeren Kuchen essen.

Der Tag vergeht schnell und der Besuch geht allmählich wieder nach Hause. Am Abend bringt seine Mami ihn ins Bett und setzt den Teddybären neben das Nachtlicht. Sie gibt ihm einen Gutenachtkuss und streichelt ihm liebevoll über den Kopf.

Nicolas schläft schnell ein und wandert ins Traumland. Mit dem Teddybären an der Hand fliegt er durch violette Wolken und landet auf einem großen Spielplatz. Unentschlossen blickt er sich um. Was sollte er zuerst tun?

Der kleine Teddy lächelt Nicolas an. „Komm, wir spielen im Sandkasten!", sagt der kleine Teddy.

Teddy und Nicolas bauen zusammen eine riesige Sandburg mit vier Türmen und einem Wassergraben. Aber hier im Traumland ist das Wasser nicht so wie bei uns, sondern es ist grün und glitzert! Und der Sand wechselt ständig seine Farben. Teddy und Nicolas sind richtig stolz auf ihre tolle Zauberburg!

Als Nächstes gehen beide auf die Wippe. Sie wippen so hoch, dass sie beinahe die Wolken mit dem Kopf berühren. Nicolas macht sich so groß, wie er kann. Die rote Schleife um Teddys Hals schwingt fröhlich mit. Die beiden haben viel Spaß und Nicolas würde am liebsten ewig hierbleiben.

„Die Nacht ist schon bald vorbei, kleiner Nicolas. Aber wir können uns jede Nacht hier auf dem Traumland-Spielplatz treffen."

Als Nicolas am nächsten Morgen aufwacht und er den Teddy auf dem Nachttisch sieht, strahlt er vor Freude. Niemand außer ihm weiß, wie viele Abenteuer er noch mit seinem Teddybären erleben wird.

Carmen Schmied ist stolze Mutter von zwei Töchtern und wurde 1990 in Zürich geboren. Wenn sie nicht gerade Bücher liest, dann schreibt sie.

Bärenglück

Mutzi schloss die Augen und ließ die warme Sonne auf seine Fellnase scheinen. Sie wärmte und tat gut. Endlich war es wieder Frühling. Den Frühling mochte Mutzi am liebsten. Dann durfte er mit Tina raus auf den Spielplatz. Raus in den Wald und hinaus auf die große Wiese hinter dem Haus.

Diesen Frühling war Tina besonders ungeduldig, mit ihrem Teddybären endlich raus ins Freie zu dürfen und zwischen den bunten Blumen im Garten zu spielen. Im Haus nebenan war nämlich eine neue Familie eingezogen und Tina hatte Mutzi eines Nachts erzählt, dass die Familie auch eine Tochter in ihrem Alter habe. Tina, die fast nur Jungs in ihrer Kindergartengruppe hatte – die Mutzi selbstverständlich alle kannte und selbstverständlich alle doof fand –, hatte Mutzi ihre leise Hoffnung anvertraut, vielleicht endlich eine beste Freundin zu finden. Vielleicht wäre das Nachbarmädchen so nett, dass sie jeden Tag spielen und toben, beieinander übernachten und zusammen Ausflüge machen könnten. Aber in der kalten Winterzeit sah man die neue Familie nur hinter den Scheiben ihrer Fenster – darauf, im Garten zu spielen, hatte keiner Lust.

Doch dann war er gekommen, der Frühling. Bald strahlte die Sonne wieder heller als je zuvor und bald roch es im ganzen Garten nach frischen Blumen und das Summen der Bienen erfüllte die Luft. Sofort war Tina hinaus in den Garten gerannt – und mit ihr auch das Mädchen der anderen Familie. Die beiden waren sofort unzertrennlich geworden und Mutzi freute sich unheimlich für Tina und darüber, dass ihr Traum in Erfüllung gegangen war. Bald sah man Tina und Leyla nur noch zusammen und Tag für Tag tollten die beiden durch die Gärten der angrenzenden Häuser. Mama und Papa hatten sogar die Zäune abgebaut und immer öfter sah man auch sie mit Leylas Eltern dastehen und sich unterhalten. Dass Erwachsene sich immer so viel unterhalten mussten! Wieso spielten sie nicht auch einfach miteinander, das machte doch viel mehr Spaß?

Eines Tages, als wieder alle draußen im Garten versammelt waren, entdeckte Mutzi auf dem anderen Grundstück eine Hängematte. Die musste er ausprobieren! Schnell machte er sich auf den Weg zu der Hängematte und ließ sich hineinplumpsen.

„Huch, wer bist du denn?"

Erschrocken sah Mutzi auf und erblickt eine Teddydame, die bereits in der großen Hängematte lag und die Sonne genoss. Wie gut, dass die Hängematte eigentlich für Menschen war, so hatten die beiden genug Platz. Doch Mutzi war erst einmal sprachlos. Das war aber eine hübsche Teddydame!

„Ich … ich bin Mutzi", erklärte er und lächelte schließlich. „Und du?"

„Ich bin Inga", stellte sich die Dame vor und lächelte ebenfalls. „Ich bin der Teddy von Leyla."

Und so vergingen die Wochen und Mutzi und Inga wurden immer unzertrennlicher. Sie verbrachten den ganzen Sommer miteinander und immer, wenn Tina und Leyla zusammen spielten, kamen auch Mutzi und Inga zusammen. So wurde es langsam Herbst und eines Abends saß Mutzi geknickt in Tinas Bett. Die letzten Wochen hatte er ein Geheimnis mit sich herumgetragen und wusste nicht, wie er es Tina sagen sollte. Doch die merkte natürlich sofort, dass etwas nicht stimmte.

„Was ist denn los?", fragte sie und nahm ihrem Teddy liebevoll auf den Schoß.

Der sah sie mit seinen dunklen Augen an. „Ich …", begann er zögerlich. „Ich glaube, ich habe mich in Inga verliebt."

Tina sah ihn erstaunt an. „Aber das ist doch toll!", rief sie und strahlte ihn an. „Warum schaust du dann so traurig?"

„Ich …" Mutzi schniefte. „Ich glaube, Inga mag mich auch", machte er langsam weiter. „Sehr sogar."

„Aber das ist doch noch toller!", freute sich Tina.

„Aber … aber wenn wir ein Paar werden sollten …", zögerte Mutzi, „was wird dann aus uns, Tina? Ich kann mich doch nicht aufteilen? Mit wem soll ich meine Zeit verbringen? Wen von euch soll ich mehr lieb haben?" Und dann begann er zu weinen.

„Aber Mutzi", beruhigte Tina ihn und nahm ihn ganz fest in den Arm. „Man kann auch zwei Menschen lieb haben." Sie sah ihn ernst an. „Schau mal, ich erkläre es dir. Wenn du in Inga verliebt bist und sie deine Frau sein soll, dann hast du sie als deine Frau lieb. Aber das heißt nicht, dass du nur einen Menschen lieb haben kannst. Du kannst mich weiterhin als deine Tina lieb haben. Ich habe auch Leyla als meine Freundin lieb – und dich habe ich lieb als meinen Teddybären. Aber ich muss mich deshalb trotzdem nicht zwischen euch entscheiden."

„Und das geht?", fragte Mutzi erstaunt und spürte, wie sich Erleichterung in ihm breitmachte. Vielleicht hatte er sich viel zu viele Sorgen gemacht in den letzten Wochen.

„Natürlich geht das", sagte Tina liebevoll. „Meine Mama hat auch meinen Papa lieb, er ist ihr Mann. Gleichzeitig hat sie mich lieb, ich bin ihre Tochter. Man kann so viele Menschen lieb haben, wie man will, Mutzi. Das Wichtigste ist, dass es diese Menschen auch merken und sich lieb gehabt fühlen."

„Und wie mache ich das?", fragte Mutzi langsam.

Tina lächelte und streichelte ihrem Teddy über das weiche Fell. „Das ist nicht schwer, Mutzi. Wenn du Menschen zeigen willst, dass du sie lieb hast – sei einfach du selbst und sie werden es spüren."

Und so kam es – bald war aus Mutzi und Inga eine kleine Teddyfamilie geworden. Und Mutzi teilte seine Liebe nicht mehr nur mit Inga und Tina, sondern auch mit ganz vielen kleinen Teddybären. Und bald hatte er begriffen: Je mehr er das Gefühl hatte, seine Liebe zu teilen, umso mehr wurde sie.

Carola Marion Menzel wurde 1999 geboren. Bei verschiedenen Verlagen erschienen bereits zahlreiche ihrer Geschichten, Gedichte und Märchen für Jung und Alt. Sie wurde schon mehrfach ausgezeichnet und veröffentlichte bisher insgesamt vier Bücher. Instagram: carola_writes.

Der hilfreiche Teddy

Heike blätterte durch ihr Zauberbuch. Sie suchte nach einem Zauber, der ihr beim Aufräumen ihrer Küche helfen konnte. Plötzlich zog etwas an ihrem T-Shirt. Sie sah an sich herunter und erblickte ihren Teddybären, der ein paar Stängel Grünzeug in seiner Pfote hielt. Eines seiner Knopfaugen baumelte, geradeso noch an einem Faden hängend, an ihm herab. „Oh nein, Teddy. Was ist denn mit dir passiert?", fragte Heike besorgt und hob ihren Stoffbären hoch. Sie setzte ihn auf ihren Schoss und begutachtete ihn nach weiteren Schäden. Glücklicherweise schien ihm nichts Weiteres zu fehlen.

„Ich habe ein paar Kräuter für dich gesammelt. Für deinen nächsten Zaubertrank", sagte Teddy fröhlich und wedelte mit den Kräutern.

Heike nahm die Kräuter aus seiner Pfote. „Das ist echt lieb von dir, Teddy, aber was ist mit deinem Auge passiert?"

„Da war ein frecher Rabe, der wollte mir erst die Kräuter und dann eines meiner Augen stehlen."

Heike lachte. „Ich verstehe." Sie legte die Kräuter auf den Tisch und griff nach ihrem Zauberstab. Seitdem sie ihn lebendig gezaubert hatte, stolperte Teddy von einem Missgeschick ins andere, wenn er versuchte, ihr zu helfen. Sie schwang leicht ihren Stab und sprach den Zauberspruch. Der Faden fädelte den Knopf wieder fest an seinen Platz.

Teddy fasste sich ins Gesicht, tastete den Knopf mit seiner Stoffpfote ab. „Danke, Heike."

„Kein Problem, Teddy. Jetzt versprich mir, dass du vorsichtiger bist und nicht mehr solche Dinge machst, ohne mich vorher zu fragen", sagte Heike und setzte ihn wieder auf den Boden ab.

Teddy sah zu ihr hinauf. „Aber ich will dir weiterhin helfen."

Heike tätschelte liebevoll seinen Kopf. „Ich weiß! Und das ist wirklich lieb von dir, aber ich will nicht, dass dir etwas Schlimmes zustößt."

Ein paar Tage später konnte Heike ihren Teddy nicht finden. Sie befürchtete, dass er wieder einmal in Schwierigkeiten geraten war. Um ihn wiederzufinden, beschwor sie einen Aufspürzauber, der sie zu Teddy führen sollte.

Der Zauber führte sie weit weg von ihrem Haus zu einer Höhle tief im Wald. Als sie diese betrat, kam ihr ein unangenehmer Geruch entgegen, den Heike sofort erkannte. Dies musste die Höhle eines Trolls sein.

Überall lagen Essensreste und Gerümpel auf dem Boden verteilt. Heike musste aufpassen, wo sie hintrat, um nicht zu stolpern. Hier irgendwo musste Teddy sein. Je tiefer sie in die Höhle kam, desto schlimmer roch es. Schließlich fand sie Teddy. Er war in einem Käfig gesperrt worden. „Teddy!"

„Heike, du bist gekommen. Ich hatte schon Angst, dass ich dich nie wiedersehen würde", sagte Teddy.

„Was ist passiert? Wie bist du hierhergekommen?"

Teddy schniefte einmal traurig. „Ich war im Wald, um magische Pilze für dich zu sammeln. Plötzlich erschien ein Troll, der mich fing und hier einsperrte."

Heike seufzte. Sie hatte recht gehabt. Teddy war in diese Situation geraten, weil er wieder einmal helfen wollte, ohne sie vorher zu fragen.

Gerade als sie ihren Zauberstab herausgezogen hatte, hörte sie ein lautes Geräusch. Der Troll war zu seiner Höhle zurückgekehrt. Schnell versteckte sich Heike. Mit schweren Schritten stampfte der Troll an ihnen vorbei und legte sich in sein Bett. Heike wartete, bis der Troll eingeschlafen war. Dann kam sie aus ihrem Versteck. Sie nutzt einen Zauberspruch, um den Käfig zu öffnen. Sofort schnappte sie sich Teddy und verließ die Höhle so leise wie möglich, ohne den Troll aufzuwecken.

Auf dem gesamten Weg nach Hause drückte Heike ihren Teddy fest an sich. Sie war so erleichtert, dass sie ihn wieder hatte. Was hätte sie nur gemacht, wenn ihm etwas Schlimmeres passiert wäre? Daran wollte sie gar nicht denken.

Nachdem sie zu Hause angekommen waren, gab sie Teddy erst mal ein Bad. Sie schrubbte ihn ordentlich, bis der ganze Schmutz und Geruch aus der Höhle verschwunden war. Dann föhnte sie ihn trocken.

„Es tut mir leid, dass du dir meinetwegen Sorgen gemacht hast", sagte Teddy.

Heike lächelte, während sie den Föhn auf eine höhere Stufe stellte. „Ist schon gut, Teddy. Ich bin nur froh, dass du wieder bei mir bist. Ich will nur, dass du mir versprichst, dass du mich vorher fragst, okay?"

Teddy nickte. „Ich verspreche es."

Als er wieder vollkommen trocken war, nahm Heike ihren Teddy mit in ihr Bett und kuschelte ihn ganz fest an sich. Sie schloss ihre Augen. Langsam sank sie in den Schlaf. Nie wieder wollte sie ihn verlieren.

Lina Sommerfeld, *1996 geboren, studiert zurzeit in Saarbrücken. Sie schreibt seit ihrer Kindheit ihre eigenen Geschichten und ist generell im Fantasy-Genre unterwegs. Einiges ihrer Kurzprosa wurden bereits veröffentlicht.*

Manchmal können Herzen gucken

Es wurde dunkel in der kleinen Werkstatt. Der Puppenmacher löschte das Licht und flüsterte ein liebevolles: „Gute Nacht", dann schloss er die Tür.

Stille erfüllte den Raum. Durch die Schwärze der Nacht schimmerte sanft ein schwaches Laternenlicht durch ein Loch im Fensterladen. Ein schrilles „Hatschi" zerschnitt die Ruhe.

„Gesundheit", kicherte eine Stimme.

„Danke, danke", tönte es, „ach, dieses Kribbeln in der Nase!"

„Du hast gut reden", brummte es zurück, „du hast wenigstens schon eine Nase."

Nun rappelte und polterte es. Schritte tapsten auf dem Boden, Holz knirschte und ein warmes Licht strömte durch das Fenster. Eine zierliche Gestalt hatte einen der Fensterflügel mit einem Schubs geöffnet.

„So ist es besser", schnaufte das Puppenmädchen und stemmte ihre Hände in die Hüften. Es blickte sich um und nickte den anderen Puppen, die sich in der Werkstatt befanden, zu. Es waren aber nicht nur Puppen dort, sondern auch ein Stoffhund mit Zottelfell, ein Rabe, der noch auf seine Flügel wartete, ein weißes Kaninchen mit blauen Augen, eine flauschige Katze, der noch die Nase fehlte, und noch einige weitere Stofftiere, die sich auf dem großen Holztisch befanden. Sie alle wussten, dass der Puppenmacher ihnen einen Start in ein wunderschönes Leben bereiten würde. Wenn sie seinen Schneidertisch oder seine Werkbank verlassen konnten, waren sie Puppen mit prachtvollen Locken und schillernden Kleidern oder Stofftiere mit weichem Fell und treuen Augen. Ihr Weg führte sie zunächst in das Schaufenster, das der Puppenmacher liebevoll für seine kleinen Schmuckstücke gestaltete. Schmuckstücke nannte er alle seine Figuren, die er mit Nadel und Faden, Stoffen und Perlen, Schere und Knöpfen zum Leben erweckte.

„Wollen wir spielen?", fragte das Kaninchen.

„Jagen und Fangen", kläffte der Zottelhund.

„Darf ich mitspielen?", flüsterte es aus einer dunklen Ecke.

Alle blickten in die Richtung, aus der ein leises Brummen ertönte.

„Zeig dich", forderte das Puppenmädchen den Unbekannten auf. Es glättete den Stoff seines silbernen Rockes und schüttelte die goldenen Locken.

Es raschelte in der dunklen Ecke und ein Teddybär tapste in die Mitte des Raumes. Das Laternenlicht schimmerte auf seinem strubbligen Fell und ließ sein Gesicht mit der Augenklappe erkennen. Mit seinem einzigen Auge blickte er erwartungsvoll zu den anderen. „Darf ich mitspielen?", wiederholte er seine Frage.

Das Puppenmädchen seufzte, der Zottelhund drehte ihm den Rücken zu und das weiße Kaninchen klopfte mit seinen Hinterbeinen auf den Tisch.

„Der Puppenmacher hat dich in die Ecke gesetzt", krächzte der Rabe, „weil er dich sicherlich nicht reparieren wird. Sieh nur, morgen bekomme ich meine Flügel, dann flattere ich ins Schaufenster und schon bald wird sich ein Kind in mich verlieben."

„Dich fange ich in Nullkommanichts", knurrte der Zottelhund.

Der Bär wurde immer trauriger, aber schließlich drehte er sich um und trottete in seine Ecke zurück.

„Wir sollten den Fensterladen wieder schließen", sagte eine Puppe, die die Situation still beobachtet hatte. Sie nickte dem Puppenmädchen zu, das sich zum Fenster drehte, während es noch einmal seine goldenen Locken schüttelte, dann wurde es dunkel.

Der Puppenmacher kam sehr früh in seine Werkstatt. Er hatte sich für heute viel vorgenommen. Er wollte alle seine Schmuckstücke fertigstellen. Der Rabe bekam seine Flügel, der Katze nähte er eine schwarze Nase ins Gesicht, dem Puppenmädchen befestigte er eine rote Schleife in den goldenen Locken und noch so einige Dinge mehr erledigte er. Zufrieden blickte er dann auf seine Arbeit, bevor er das Schaufenster herrichtete. Stück für Stück trug er die Puppen dorthin, setzte sie auf eine kleine Couch oder stellte sie an einen hölzernen Zaun. Auf eine ausgebreitete Decke setzte er den Zottelhund und die Katze.

Während sich die Werkstatt leerte, blickte sich der Puppenmacher um. Täuschte er sich oder hörte er ein leises Schluchzen? Da war doch so ein leises, trauriges Geräusch. „Ist da jemand?", fragte der Puppenmacher.

Jetzt wurde das Schluchzen lauter.

„Hallo!"

„Ich bin hier." Kläglich und zerbrechlich klang diese Stimme, die da aus der Ecke kam.

Der Puppenmacher drehte sich um, erblickte das kleine, zerzauste Wesen und ging zu ihm. „Oh, mein kleiner Teddy", sagte er liebevoll und nahm den Bären in den Arm. „Hab ich dich vergessen? Wie konnte das nur passieren?" Er streichelte über den kleinen Kerl und drückte ihn an sich. „Nun hab ich keine Zeit mehr, um dich zu reparieren. Das Geschäft muss ich gleich öffnen."

Der kleine Teddybär hatte eine Augenklappe, und wenn man genau hinsah, bemerkte man, dass auf seinem linken Ohr komplett das Fell fehlte. Zweifellos war er nicht so hübsch wie die anderen Stofftiere, die nun im Schaufenster saßen und auf ihre Kinder warteten, und doch hoffte er, dass auch auf ihn noch ein bisschen Glück wartete.

Und dann passierte etwas, was der Teddybär nicht im Traum gedacht hatte. Der Puppenmacher trug ihn zum Schaufenster und setzte ihn neben das Puppenmädchen.

„Was machst du denn hier?", zischte das Puppenmädchen den Teddybären an, als der Puppenmacher gegangen war. „Die Kinder bekommen ja einen Schreck, wenn sie dich sehen."

„Ja, sei doch froh", antwortete der Teddy fröhlich, „dann finden sie dich doch umso schöner."

„Oder sie wollen dann doch lieber eine Katze", kicherte die Katze und wackelte mit ihrer Nase.

Der Teddybär schnaufte glücklich. „Wir werden sehen", dachte er zufrieden. Er hatte mehr erreicht, als er zu hoffen gewagt hatte. Er saß im Schaufenster mit all den hübschen Puppen und flauschig schönen Stofftieren und schaute hinauf auf die Straße, wo viele Menschen liefen und Kinder anhielten und ihre Nasen an der Scheibe platt drückten.

„Da kommt ein Mädchen, da kommt ein Mädchen!", juchzte das Puppenmädchen aufgeregt. Und tatsächlich holte der Puppenmacher sie aus dem Schaufenster und legte sie einem Mädchen in die Arme. Auch der kleine Rabe fand an diesem Tag ein neues Zuhause.

Am nächsten Tag lief ein Junge mit Sommersprossen im Gesicht und einer Brille auf der Nase am Schaufenster vorbei. Er verschwand nur kurz, kam wieder zurückgelaufen und sah sich alles ganz genau an. Wieder verschwand er.

„Der will uns nicht", miaute die Katze.

„Das ist nicht schlimm", dachte der Teddybär, „es ist einfach nur herrlich, hier zu sitzen."

Da knarrte die Eingangstür, der Puppenmacher sprach ganz leise.

„Was ist da los?", knurrte der Zottelhund.

„Ich kann nichts hören", beschwerte sich die Puppe, die noch vor einigen Tagen in der Werkstatt für Ruhe gesorgt hatte.

Nur der Teddybär lächelte still vor sich hin.

Da tauchte der Puppenmacher auf, neben ihm stand der Junge mit den Sommersprossen und der Brille und der zeigte mit seinem Zeigefinger auf den Teddybären mit der Augenklappe und dem Ohr ohne Fell.

Der Teddybär vernahm das Raunen der Puppen und spürte das Entsetzen der anderen Stofftiere, doch er selbst fühlte nur, dass sein Herzchen wie wild zu pochen begann. Konnte das die Wirklichkeit sein? Sollte er, der unperfekte Teddy mit dem zerzausten Fell, ein Zuhause bekommen?

„Den will ich", sagte der Junge, „den und keinen anderen!"

Da nahm der Puppenmacher zum letzten Mal den kleinen Teddybären und legte ihn dem Jungen in den Arm.

„Er ist der schönste Teddy, den ich je gesehen habe." Der Junge fühlte, dass sein Herz wild pochte. Ihm wurde ganz warm vor lauter Glück. Sein Herz hatte diesen hübschen Freund gefunden.

„Manchmal können Herzen gucken", flüsterte er und Teddy nickte glücklich.

Ramona Stolle lebt und schreibt in ihrer Heimatstadt Berlin. Sie liebt Tiere und die Natur, isst leidenschaftlich gern Pizza und Pasta, natürlich ist sie ein Bücherwurm, muss jedes Jahr mindestens einmal Ostseeluft schnuppern und freut sich noch immer wie ein Kind, wenn es endlich weihnachtet. Das Schreiben von Geschichten sowie das Dichten und Reimen sind Leidenschaften aus Kindertagen, denen Sie bis heute treu geblieben ist. In vielen Anthologien kann man ihre Beiträge finden.

Struppi, mein Held

Ich zog gerade ein in die neue Wohnung. Nach der Trennung von meinem Freund brauchte ich Abstand. Abstand von allem. Da war man fünf Jahre lang zusammen und glaubte, den anderen zu kennen, und dennoch stellte sich nach dieser langen Zeit heraus, dass man überhaupt nichts voneinander wusste.

Es schellte an der Tür, ich drückte die Öffnen-Taste und koordinierte kurz darauf den Freund meiner besten Freundin und meinen Schwager in das Zimmer, welches einmal das Wohnzimmer werden sollte. Zur Begrüßung bekam ich statt eines simplen: „Hallo, schön dich zu sehen", nur ein verschlafenes und zugleich wutschnaubendes: „Mein Gott, Jenna, was ist das für ein Schlafsofa?"

Nun ja, ich hätte ja in dem Moment behaupten können, dass ich vergessen hatte, zuvor den integrierten Bettkasten zu leeren, aber tatsächlich hatte ich die vielen Sachen absichtlich drin gelassen. Es war lauter Kleinzeug und bei einem kurzen Blick hinein stapelten sich Kuscheltiere aus längst vergangenen Zeiten genauso übereinander wie Büroutensilien, Kleidungsstücke aus dem Karnevals-Fundus und allerlei Süßkram für schlechte, einsame Zeiten.

Ich grinste meinen Schwager besänftigend an und war fest in dem Glauben, dass zwei starke Männer das Sofa mitsamt dem Inhalt wohl schon tragen könnten. Die Wohnung lag schließlich nur im zweiten Stock und das Treppenhaus war breit genug, um problemlos um alle Kanten und Ecken herum zu kommen.

Dem Japsen meiner Helfer aber vernahm ich, dass es scheinbar nicht ganz so leicht war, wie ich es mir vorgestellt hatte, und so ging ich vorsorglich hinterher und füllte zwei Tassen mit dem mitgebrachten Kaffee.

Dreieinhalb Stunden später saß ich endlich allein auf meinem Sofa im neuen Wohnzimmer. Ich schaute mich um. Es war noch viel zu tun, denn bis jetzt hatten wir es nur geschafft, ein gefülltes Sofa, einen Fernseher und ein paar Kartons meiner wertvollsten Bücher abzustellen. So war das eben bei einem Umzug. Es gab unzählig viele Dinge, die zu erledigen waren, und man war rund um die Uhr in dem Glauben, dass das doch nicht so schwer sein konnte.

Wie schwer mochte es schon sein, nach fünf gemeinsamen Jahren des Lebens, Liebens und Vertrauens nun alleine in einem leeren Raum zu sitzen, die Decke anzustarren, die Leute auf der Straße aus dem Fenster heraus zu beobachten und den Sekundenzeiger der neuen Küchenuhr aus einem der Kartons laut mitzuzählen.

Die Stunden vergingen schleppend und ich stellte mir vor, was jetzt im Fernsehen laufen würde. Ich nahm einen Schluck des mittlerweile trotz Thermoskanne kalten Kaffees und inspizierte meine Kartons. Dann durchforstete ich den Bettkasten meines Schlafsofas, auf dem ich die erste Nacht in meinem neuen Zuhause verbringen würde, nach etwas Essbarem, das aussah wie Schokolade und als Nervennahrung wahre Wunderwirkung vollbrachte.

Ich kramte, aber alles, was ich fand, waren Chipstüten in allen Geschmacksrichtungen, Weingummis in allen Farben und tierische Mitbewohner in allen Tierarten, Formen und Größen. Als ich mich mit Chips zufrieden gab und das Sofa wieder zusammenschieben wollte, fiel mir der kleine Teddybär entgegen.

Struppi, ich erinnerte mich dunkel an ihn. Er war so groß wie ein Blatt Briefpapier, hatte zwei Henkel auf dem Rücken und war angezogen wie ein Schuljunge. Ich bekam ihn von meinem Stiefvater. Als ich eines Tages ins Wohnzimmer meiner Mutter ging, saß er dort auf dem Sofa.

Wie sollte es auch anders sein, denn genau jetzt saß er wieder auf einem Sofa. Nach zwanzig Jahren sah ich ihn dort sitzend wie früher. Ich musste beim Anblick schmunzeln und suchte den Reißverschluss auf seiner Rückseite, denn mein geliebter Struppi von früher war mein geliebter Rucksack gewesen, den ich überall mit hinnahm. Ein treuer Begleiter. Ich hatte ihn immer noch. Die ganze Zeit über war er in dem Bettkasten in den Untiefen im Kuscheltier-Meer und schien ein wunderbares Leben gehabt zu haben, denn weder seine blaue Jeans mit dem bunten Flicken drauf noch sein roter Pulli oder seine Sturmfrisur ockerfarbenen Fells waren verblasst. Er sah genauso aus wie der Teddy von früher, mit dem ich immer die anderen Kinder bei Laune hielt, wenn wir auf der ein oder anderen Fahrt im Stau steckten und es nicht vorwärtsging. Dann hatte Struppi seinen

Auftritt, ich nahm ihn, hielt ihm seine Arme vor den Augen und winkte, was das Zeug hielt. Manchmal waren es die Eltern, die sich amüsierten und den Kindern sagten, sie sollten mal schauen. Und dann wiederum waren es die Kinder, die begeistert jubelten, mir entgegenstrahlten und Struppi zu dem machten, was er wirklich war. Ein Held.

Und so wurde er erneut in dieser Nacht zum Helden, als er mich tröstete und die Wunderheilung von Schokolade übernahm, die eine oder andere Träne an diesem Abend trocknete und wieder einmal am nächsten Morgen dasaß. Auf dem Sofa, wie ich ihn damals fand. Ich nahm das Handy zur Hand, scrollte im Display zu *Papa 2* und schrieb eine SMS:

Danke Martin, dass du Struppi zu mir brachtest. Ihr seid meine Helden. Ich danke dir und hab dich lieb.

Ann-Kathleen Lyssy, *1993 in Helmstedt geboren, arbeitet nach ihrem Studium der Landschaftsarchitektur als Gartenplanerin. Neben der Malerei ist das Reisen eine große Leidenschaft, die sie schon zu allerlei Geschichten inspiriert hat. Seit 2021 studiert sie Literatur als Fernstudiengang.*

Thorben und sein enger Freund

Teddybären sind fester Bestandteil von Thorbens Leben, seit er von seinen Pateneltern anlässlich seiner Geburt einen kleinen Bären geschenkt bekommen hat. Er besitzt einige Teddybären. Aber den Teddybären, den er überall mit hin nimmt, diesen bestimmten engen Freund … den hat der Dreijährige immer noch nicht gefunden.

Thorben ist mit seiner Mutter, seinem zwei Jahre älteren Bruder Thure und dessen gleichaltrigen Freunden Frozen und Olaf Dawson in der Spielwarenabteilung eines Kaufhauses. Mit verzogenem Mund schaut er sich die Teddybären an. Findet er jetzt endlich diesen bestimmten engen Freund, den er sucht, seit er das Laufen erlernt hat?

Thure spürt, dass sein kleiner Bruder bedrückter Stimmung ist, und drückt ihn an sich. „Du wirst deinen engen Freund noch finden, Bruder, verzweifle bitte nicht. Vielleicht findest du ihn morgen auf dem Flohmarkt in der Grundschule", sagt er.

„Meinst du?", fragt Thorben zweifelnd.

„Ganz sicher!", bestätigt Thure. Er gibt seinem kleinen Bruder einen Kuss. „Als ich in deinem Alter war, habe ich meinen engen Freund, den Esel Shawn, auf einem Flohmarkt in einer Grundschule gefunden", erzählt Frozen.

„Wirklich? Das wusste ich gar nicht!", staunt Thorben.

„Das ist wahr. Damals warst du erst ein Jahr alt, weswegen du dich an diesen Flohmarkt nicht erinnerst", sagt Olaf.

„Habe Geduld, mein Sohn. Eines Tages wirst du deinen engen Freund finden, vertraue darauf und du wirst sehen", mischt sich jetzt Frau Llewellyn-O'Shea, die Mutter von Thure und Thorben, ins Gespräch ein.

Thorben schaut zwischen den vieren und den Teddys hin und her. „Ihr habt vollkommen recht. Ich warte bis morgen und schaue morgen auf dem Flohmarkt, ob ich dort meinen engen Freund finde!", meint er.

Seine Mutter knuddelt ihn mit den Worten: „Mein kleiner Optimist." Thure und die Zwillinge grinsen den Dreijährigen erfreut an, der das Grinsen erwidert.

So optimistisch geht Thorben am nächsten Tag (Samstag) um neun Uhr zusammen mit seinen Eltern, Thure und den Zwillingen von seinem Zuhause aus zur Grundschule, die in der Nähe liegt. Vor der Grundschule wollen sie sich mit den Eltern von Frozen und Olaf treffen. Der Flohmarkt beginnt um halb zehn. Wer aber schon vor der Grundschule wartet, kommt als Erster rein und ergattert die besten Sachen. Nach dem Motto: Der frühe Vogel fängt den Wurm.

Das Beste an diesem Flohmarkt ist, dass die vier Kinder sich die Grundschule schon mal ansehen können. Ob sie ihnen gefällt und sie sich dort einschulen lassen wollen. Diese Schule liegt zwischen den Wohnorten der Familie Lwellyn-O'Shea und der Familie Dawson. Die vier Kinder können jeden Tag zu Fuß zur Schule und nach Hause gehen. Deswegen wäre diese Schule perfekt für die vier.

Vor dem Eingang treffen die vier Llewellyn-O'Sheas und die Zwillinge auf Herrn und Frau Dawson. „Ich habe unseren Wagen dort hinten geparkt. Bei Kaffee, Kuchen und Saft können wir besprechen, wie wir es mit unseren Errungenschaften machen", sagt Herr Dawson. Herr und Frau Llewellyn-O'Shea sind einverstanden.

Die vier Erwachsenen unterhalten sich über irgendeinen Kram, der für die vier Kinder total langweilig ist. Diese wollen lieber darüber reden, welche Spielsachen sie auf dem Flohmarkt finden werden.

„Ich bin mir ganz sicher, dass ich hier meinen engen Freund finde!", trötet Thorben fröhlich und fuchtelt wild mit beiden Armen herum.

Die anderen drei Kinder lachen. „Das wirst du sicher!", versichern sie ihm. Alle vier sind sich mit der Zungenspitze zwischen den Lippen einig, dass es so langweilig sein wird, Kleidung zu schauen und anzuprobieren. Auf diesem Flohmarkt wird nicht nur Spielzeug, sondern auch Kleidung verkauft.

Endlich – nach einer gefühlten Ewigkeit – öffnet sich die Tür der Schule. Die Besucher strömen hinein.

„Bleibt bitte zusammen, Kinder. Wenn ihr in diesem Trubel verloren geht, wartet bitte an den Kassen auf uns. Einer von uns Erwachsenen wird an den Kassen nachsehen, ob ihr dort wartet", sagt Frau Llewellyn-O'Shea zu den Kindern.

„Alles klar", sagen die vier Kinder.

Sie schauen sich jeden Tisch genau an, ob ihnen was gefällt. „Kuscheltiere", macht Thorben die anderen aufmerksam. Jedes Kuscheltier auf dem Tisch nimmt er in die Hand und begutachtet es. Plötzlich stößt er einen lauten Freudenschrei aus, der mit Sicherheit alle Anwesenden in der Aula, in der der Flohmarkt stattfindet, zusammenzucken lässt. „Mein enger Freund! Endlich habe ich dich gefunden!", ruft er, nimmt einen mittelgroßen Teddybären in die Arme und knuddelt ihn fest. Tränen laufen ihm übers Gesicht.

„Zeig mal, Bruder", sagt Thure.

Thorben zeigt ihnen den Bären.

„Er leuchtet wie ein Regenbogen am Himmel", findet Frozen.

Die anderen stimmen ihr zu. Thorben strahlt vor Glück und Freude und kann überhaupt nicht mit Knuddeln und Weinen aufhören.

„Willst du deinen engen Freund in diese Tüte geben, mein Junge? So kannst du ihn nicht irgendwo ablegen und vergessen", schlägt seine Mutter vor und hält eine große Tüte auf. Die beiden Familien haben Tüten mitgenommen, in die sie die Errungenschaften legen wollen.

Thorben nickt. „Mir wäre es viel lieber, meinen engen Freund in den Armen zu halten. Aber du hast recht, Mama. In der Tüte ist er besser aufgehoben", erwidert er. Liebevoll legt er seinen Bären hinein. „Sobald wir den Flohmarkt verlassen haben, kommst du wieder in meine Arme. Mach dir keine Sorgen, mein Kumpel", sagt er zu ihm und streichelt sanft und liebevoll über sein Fell. Jetzt kann nichts mehr Thorben den Tag vermiesen.

Catamilla (eigentlich Natalie Camilla Katharina) **Bunk** *wurde 1989 in Niederbayern geboren, wo sie heute noch wohnt. Wegen jahrelangen Mobbings in der Schule beschloss sie 2012, ihren dritten Vornamen Katharina anzunehmen, und wird weiterhin von Familie und Freunden Katharina genannt. Catamilla ist eine Mischung aus den drei Vornamen. Von Kindheit an hat sie eine blühende Fantasie. Das Interesse am Schreiben von Geschichten entwickelte die Autistin (die Diagnose Autismus erfuhr sie mit 21 Jahren) langsam ab der Hauptschule. Seitdem hinderte sie sich jahrelang daran, die Geschichten aus sich rauszulassen und aufzuschreiben, weswegen sie heute mehr Ideen, angefangene Geschichten und Textauszüge hat als aufgeschriebene Geschichten.*

Bärchen

Der große Bär und der kleine Bär. Die beiden mögen sich sehr. Sie schmusen miteinander, können nicht loslassen voneinander. So haben sie für uns einen hohen sozialen Rang. Denn sie sind sehr soft im Umgang, sehr weich in ihrer Art und kuscheln mit uns immer sehr zart. Das lässt freudige Gefühle sprudeln! Die Bären sind einfach zum Knuddeln! Da wird jetzt nichts gehudelt. Wir lassen uns ganz viel Zeit miteinander und dudeln. Wir trödeln und blödeln ... Ganz verschmust und verspielt sind wir. Und amüsieren uns jetzt hier!

Die beiden Bären sind einfach sehr knuffig, wenn auch vom Geruch her mittlerweile ein bisschen muffig. Der große Bär ist schon uralt und ein bisschen angemalt. Zudem hat er am Bauch eine kleine Narbe, genäht mit Garn in weißer Farbe. Wie er außerdem aussieht, wenn man genau hinsieht: ein bisschen gerupft wie ein Hühnchen. So sitzt er jetzt da in der Zimmerecke auf dem kleinen Kinderstühlchen. Das kleine Bärchen auf dem Schoß. In einer Menschenwohnung als Schloss assistieren die beiden Bärchen beim Vorlesen von Märchen.

Die beiden Bärchen sind jedoch nicht allein. Denn plötzlich kommen sehr viele, ganz winzig kleine Bärchen mit in die Welt hinein. Eine wundersame Bären-Vermehrung! Das ist ja fast wie eine Verschwörung ...

Und siehe da: Die Bären sind nun aber so richtig los! Was ist denn da nur los? Massenweise sind jetzt Bären da! In allen Farben sind sie nun da: weiße, gelbe, orangene, rote und auch grüne sehe ich da. Eine richtige Bären-Armee taucht plötzlich wie aus dem Nichts auf und fährt all ihre Geschütze auf. Eine ganz große Bären-Armee ist ausgerechnet jetzt hier – und dies nachmittags um vier!

Und nun? Was sollen wir denn jetzt bloß machen? Einfach gemeinsam die leckeren, bunten Gummibärchen naschen! Sie am besten sofort auffuttern! So können wir uns prima aufmuntern. Und den Erzählungen besser lauschen, wenn wir uns so aufbauschen. Die

Gummibärchen gehören einfach dazu, sonst hören wir nicht so richtig zu. Die schmackhaften Bärchen sind einfach nicht zu toppen. Dann können die Märchen auch ruhig mal floppen. Hauptsache, die Bärchen sind top! Unserem Märchenerzähler hierzu ein großes Lob, dass er sie uns aufbot und anbot. Denn mal ganz ehrlich: Die süßen Bärchen sind einfach unentbehrlich. Und Freude darf man ja schließlich nicht verwehren.

Und die beiden Teddybären? Die sind sowieso der absolute Hit! Und müssen überall hin mit! Die beiden gehören einfach immer und überall dazu, sonst machen wir auch abends kein Auge zu. Sie passen stets auf uns auf, trösten und beruhigen uns. Begleiten uns sehr treu durch unser äußerst aufregendes Kinderleben tagein, tagaus. Und erfreuen uns auch immer wieder sehr. Kurzum: Wir brauchen sie einfach sehr! Denn es geht grundsätzlich nichts ohne Bär.

Schließlich mögen wir all die vielen verschiedenen Bären sehr und lieben sie immer mehr ... Egal ob große, kleine oder winzigkleinste Bären: Von ihrem Nutzwert können wir nämlich nur zehren und uns auf verschiedenste Art und Weise ausgiebig nähren. Drum gebührt einem jeden Bär die allergrößte Ehr'!

Juliane Barth, Jahrgang 1982, lebt im Südwesten Deutschlands. Sie schreibt als Hobby seit jeher sehr gerne, u. a. Gedichte, Kurzgeschichten und Sachtexte. Veröffentlichungen in diversen Anthologien: https://sacrydecs.hpage.com.

Erinnerungen

Nele sah ihren Freund völlig entgeistert an, der aus einem der Umzugskartons einen alten, pastellblauen, verwaschenen Bären herausholte.

„Ist das deiner?", fragte er grinsend und winkte ihr mit dem Arm des Teddys zu.

Mit wenigen Schritten überwand sie die Distanz zwischen ihnen beiden und riss ihm das Plüschtier beinahe aus der Hand. Fest drückte sie ihn an sich. „Ja. Und er bleibt."

Einen Moment sah Thorsten sie verwundert an. Dann hob er abwehrend die Hände. „Ich wollte auch nicht, dass er wegkommt. Aber ich hätte nicht gedacht, dass es noch solche Überreste deiner Kindheit gibt. Du erzählst ja nie etwas."

Sie verkniff sich, darauf eine Antwort zu geben. Traurigkeit hatte sie überfallen. Bis zu diesem Zeitpunkt war der Tag wunderschön und sie hatte sich sehr auf die gemeinsame Wohnung mit Thorsten gefreut. Bereits viele Jahre waren sie zusammen und hatten sich jetzt den Traum erfüllt, zusammenzuziehen.

Wortlos verließ sie mit ihrem Teddy das Wohnzimmer, zog sich Schuhe und Jacke an, nahm ihre Autoschlüssel und verließ die Wohnung. Thorsten rief ihr verwundert: „Nele", hinterher, doch sie konnte darauf nicht antworten. Alles in ihrem Inneren schrie danach, hier wegzukommen. Zumindest für diesen Moment.

Im Auto setzte sie ihren Teddy auf den Beifahrersitz, stellte ihren Sitz ein und startete den Motor. Um sich herum nahm sie alles nur schemenhaft wahr.

An ihrem Zielort suchte Nele einen Parkplatz, schnappte sich ihren Teddy und verließ das Auto. Die Blicke der Menschen bekam sie nicht mit. Eine erwachsene Frau lief mit einem Teddybären durch die Straßen und drücke diesen fest an sich wie ein Kind.

Im Gebäude angekommen, grüßte sie automatisch, ging dann an der Rezeption vorbei und den Flur entlang. Den typischen Geruch nahm sie gar nicht mehr wahr. Nele hatte sich daran im Laufe der Zeit gewöhnt. An der Zimmertür angelangt, klopfte sie und wartete kurz. Doch eine Aufforderung, einzutreten, bekam sie nicht. Auch das war ihr bekannt, daher öffnete sie vorsichtig die Tür und trat ein.

Eine ältere Frau mit einer grauen Kurzhaarfrisur stand am Fenster und sah hinaus. Wie stets trug sie adrette Kleidung. Auch ihre Haare waren perfekt frisiert.

Ein Lächeln huschte über Neles Gesicht. „Hallo, Mama. Schau mal, wenn ich dir mitgebracht habe", sagte sie und trat an die Frau heran, die sich beim Klang ihrer Stimme umgedreht hatte. Zunächst war ihre Mimik ausdruckslos. Weder Freude noch eine andere Reaktion waren zu sehen. Dann fiel ihr Blick auf den pastellblauen Teddybären und ein Leuchten huschte über ihre Züge.

„Teddai!", rief sie freudig aus. Vorsichtig nahm sie ihn Nele aus der Hand. „Er schaut aus wie jener Teddybär, den ich meiner Tochter Nele vor vielen Jahren zu Ostern geschenkt habe. Da war sie noch klein. Vielleicht fünf. Ich erinnere mich nicht mehr genau daran."

„Ich weiß", sagte Nele leise und verkniff sich die aufkommenden Tränen.

Ihre Mutter drückte das Stofftier fest an sich und setzte sich auf das kleine Sofa in ihrem Zimmer. Auch Nele nahm Platz und hörte der Frau zu, die viel von ihrer Kindheit erzählte. Zumindest in diesen Stunden hatte sie das Gefühl, ihre Mutter eine Weile wiederzuhaben.

Sie aßen Kuchen und tranken Kaffee. Es war eine schöne Zeit, die sie beide genossen. Kurz bevor es Abendessen gab, verabschiedete Nele sich. Ihre Mutter aß seit jeher gern allein und zelebrierte diese Momente immer sehr ausgiebig. Dabei wollte sie nicht stören. Außerdem brauchte sie nun Zeit für sich. Es waren aufwühlende Stunden gewesen. Zudem fiel ihr siedend heiß ein, dass sie Thorsten mit all dem Umzugschaos allein gelassen hatte.

Ihre Mutter sah Teddai noch einmal an und wollte ihn Nele zurückgeben. Doch diese winkte ab. „Behalte ihn", sagte sie mit einem Kloß im Hals. Irgendwann würde sie ihn ohnehin wiederbekommen und solange konnte er für ihre Mutter vielleicht ein Anker in dieser für sie so chaotischen und nicht mehr zu durchblickenden Welt sein.

„Aber Nele wird ihn vermissen", widersprach sie.

Sie lächelte. „Sie weiß, dass er bei dir ist. Hier ist er gut aufgehoben. Du passt ja auf ihn auf."

Die Gesichtszüge ihrer Mutter erhellten sich. „Das stimmt."

„Bis bald, Mama." Kurz strich sie ihr über den Arm, dann wandte sie sich ab und verließ das Zimmer.

Als sie die Wohnungstür aufschloss, sah ihr Thorsten verwundert entgegen. Nele hatte sich darauf eingestellt, dass er nicht in Begeisterungsstürme aufgrund ihrer kopflosen Flucht ausbrechen würde. Doch erstaunlicherweise lächelte er sie schief an. „Da bist du ja wieder", stellte er fest.

„Ja. Es tut mir leid, dass ich einfach ohne eine Erklärung abgehauen bin." Nele hängte ihre Jacke auf und ging zögernd zu ihm.

Er nahm sie in den Arm. Eine ganze Weile hielten sie sich fest.

„Du wirst deine Gründe gehabt haben. Vielleicht magst du sie mir beim Abendessen erzählen."

Nele nickte nur leicht. Die beiden gingen in die Küche und bereiteten das Essen zu. Das Radio dudelte leise vor sich hin und sie schwiegen einvernehmlich. Schlechte Stimmung war nicht auszumachen. Erstaunt und ein bisschen beschämt hatte sie festgestellt, dass Thorsten in der Zeit, die sie bei ihrer Mutter gewesen war, die Umzugskisten weiter ausgeräumt hatte.

Als sie am Tisch saßen, tat sich jeder eine Portion Essen auf. Ihr Freund hatte eine Flasche Wein aufgemacht. Sie nippte daran und spürte, wie sich der Wein auf ihrer Zunge verteilte. Nach einigen Schlucken breitete sich etwas Ruhe in ihr aus.

„Der Teddy, den du heute beim Kistenauspacken gefunden hattest, ist Teddai. Meine Mutter hat ihn mir zu Ostern geschenkt. Sie meinte, ich müsste etwa fünf Jahre alt gewesen sein", begann Nele zu erklären.

„Oh. Davon hast du nie erzählt."

„Nein. Ich spreche nicht gern über meine Kindheit oder über meine Mutter. Das weißt du ja." Tief atmete sie durch. „Ich habe dir nie viel von ihr erzählt. Sie lebt in einem Pflegeheim, denn sie ist schwer dement. Als du Teddai heute gefunden hattest, musste ich mit ihm einfach zu ihr. Sie konnte sich an ihn erinnern. Natürlich. Und sie hat mir vieles aus meiner Kindheit erzählt, an das ich mich gar nicht mehr erinnern kann."

Er schwieg und ließ sie reden. Doch er hörte ihr aufmerksam zu.

Nele vermied es, ihm Details aus der Unterhaltung mit ihrer Mutter zu erzählen. Das war ein kleiner Schatz, den sie noch eine Weile für sich behalten wollte.

„Sie hat sich so über Teddai gefreut, dass ich ihn ihr dagelassen habe", schloss sie die Erzählung. „Auch wenn sie meinte, Nele würde ihn sicherlich vermissen."

Er betrachtete sie ausgiebig. „Deine Mutter erkennt dich nicht mehr, oder?"

„Nein. In ihrer letzten Erinnerung bin ich etwa vierzehn Jahre alt."

Erstaunt zog sich seine Augenbraue hoch. „Ist sie so lange schon dement?"

Nele schüttelte den Kopf. „Wir haben viele Jahre keinen Kontakt gehabt. Ich bin eine Fremde für sie, die sie regelmäßig besucht. Manchmal unterhalten wir uns, an anderen Tagen gehen wir spazieren und wir schweigen nur. Aber ich habe das Gefühl, dass ihr diese Besuche guttun."

Beccy Charlatan *wurde 1982 in Wuppertal geboren und wuchs dort auf. Mittlerweile hat es sie mit ihrem Lebensgefährten etwas weiter an den Rhein verschlagen, ins schöne Düsseldorf. Schon von Kindesbeinen an schrieb sie gern, geht der Liebe zu den Buchstaben jedoch erst seit ca. 4 Jahren nach. Sie schreibt unter anderem im Bereich Fantasy. Im Jahr 2021 sind die ersten drei Kurzgeschichten in einer Anthologie erschienen. Instagram @beccycharlatan; Homepage: https://beccy-charlatan-autorin.jimdosite.com.*

Tierisch gut!

Geschichten für Kinder

Dass alle Geschichten, die beim Papierfresserchen, dem Kinder- und Jugendbuchverlag vom Bodensee, veröffentlicht werden, *tierisch gut* sind, ist ja klar. Nun aber gibt es wieder einmal ein Buchprojekt, das dritte seiner Art, das auch den Titel „Tierisch gut!" trägt.

Kinder und Jugendliche können für dieses Buch ebenso „tierisch gute" Geschichten, Märchen und Gedichte einreichen wie erwachsene Autor*innen. Wichtig ist nur, dass alle Geschichten für Kinder ab ca. sieben Jahren geeignet sind. Und es ist egal, ob ihr Katz und Maus, Eichhörnchen, Füchse oder Wildschweine schreibt.

Einsendeschluss ist der 15. Juni 2024

Damals ... in Bethlehem 2024

In einer Zeit, in der Wunder noch möglich waren, wurde in ein Bethlehem ein Kind in einem Stall geboren, das die Geschichte der Menschheit veränderte: Jesus, Sohn Gottes, erblickte in einem Stall das Licht der Welt. Hirten und Weise aus dem Morgenland statteten dem Kind in der Krippe einen Besuch ab, denn sie hatten gehört, dass es der Heiland, der Erretter der Welt sei. Noch mehr als 2000 Jahre später beeinflusst uns das, was damals in Bethlehem geschah. Deshalb wollen wir uns in Geschichten, Erzählungen und Gedichten den Geschehnissen in dieser Zeit annähern. Schauen wir genau hin, wer alles zu Besuch im Stall in Bethlehem zu finden war. Und wer Jesus einen Besuch an der Krippe abstattete. Das Buch richtet sich an Kinder ab ca. 8 Jahren.

Einsendeschluss ist der 15. April 2024

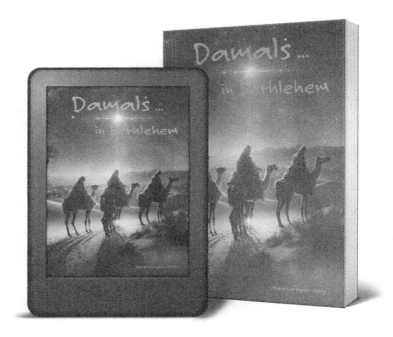

Engel oder Bengel

Weil manchmal alles ganz anders ist, als es zunächst scheint, haben wir unsere Buchreihe „Engel oder Bengel" genannt. Denn mancher Engel entpuppt sich doch beim näheren Hinsehen als ein wahrer Bengel ... und da hilft es auch nicht, dass er oder sie vor dem Spiegel den unschuldigen Augenaufschlag eingeübt hat. Bengel- und Engelgeschichten sind also dieses Mal gesucht - genreoffen und wieder für Autor*innen jeden Alters ausgeschrieben, denn das gibt den Büchern erst die richtige Würze ...

Natürlich dürfen wieder Erzählungen und Kurzgeschichten, Gedichte oder Märchen eingereicht werden. Also, lasst Engel brav und Bengel spitzbübisch agieren ... oder umgekehrt.

Einsendeschluss ist der 1. Juli 2024

Ein Buch geht um die Welt

Eine internationale Initiative von Papierfresserchens MTM-Verlag

Kinder auf der ganzen Welt vernetzen, sie zum Schreiben animieren und ihnen die Möglichkeit bieten, über ihr Leben, ihre Träume und Wünsche zu schreiben, das möchte die internationale Initiative „Ein Buch geht um die Welt" von Papierfresserchens MTM-Verlag erreichen.

Der Buchverlag mit Sitz am Bodensee in Deutschland hat aus diesem Grund Schreibwettbewerbe zu verschiedenen Themen ins Leben gerufen, an denen sich Mädchen und Jungen im Alter zwischen 6 und 14 Jahren aus aller Welt mit ihren ganz kleinen oder auch umfangreicheren Märchen und Erzählungen, Gedichten, Haikus oder Erlebnisberichten beteiligen können. Auch Illustrationen dürfen eingereicht werden. An dem Buch mitwirken können zum einen Kinder, deren Muttersprache Deutsch ist. Aber es haben sich in den zurückliegenden Jahren auch immer wieder junge Autorinnen und Autoren an den Schreibwettbewerben des Verlags beteiligt, die Deutsch als Fremdsprache erlernen. Weltweit und über alle Kontinente wurden Schulen deshalb zu dieser Initiative eingeladen.

„Uns ist es wichtig", so Verlegerin Martina Meier, „dass die Kinder Spaß am Schreiben haben. Und wir wissen, dass viele unendlich stolz sind, wenn sie ihren Text in einem gedruckten Buch finden."

Einsendeschluss für die Wettbewerbe ist jeweils am 15. März und am 1. November eines jeden Jahres. Es werden bei den einzelnen Projekten immer ganz unterschiedliche Themen in den Mittelpunkt gerückt. Umfangreiche Informationen zu allen Projekten finden Interessierten unter

www.papierfresserchen.de

– Anzeige –

Ferienwohnung Drachennest
Feldkirch / Österreich

Ländlich idyllisch und dennoch stadtnah zentral in Feldkirch-Tosters gelegen, nur einen Steinwurf entfernt von der Schweizer und Liechtensteiner Grenze, finden Sie unsere Ferienwohnung Drachennest, den idealen Rückzugsort vom Alltag. Genießen Sie unsere wunderschöne Ferienregion Vorarlberg in Österreich abseits der Hektik der großen Touristikgebiete.

Brechen Sie zu einmaligen Wanderungen und Radtouren auf – entlang des Rheins zum Bodensee oder entlang der Ill mitten hinein in die Berglandschaft des Ländles. Gut ausgebaute Radwege ermöglichen ein stressfreies Radeln, auch für wenig trainierte Radfahrer, da es auf diesen Wegen nur sehr leichte Steigungen gibt.

Starten Sie die schönsten Motorradtouren in die Alpen direkt vor unserer Haustür. Gerne geben wir Ihnen Tipps für tolle Tagestouren, da wir selbst begeisterte Motorradfahrer sind. Skifahren? Kein Problem? Erreichen Sie die schönsten Skigebiete Vorarlbergs bequem mit öffentlichen Verkehrsmitteln oder mit Ihrem eigenen Fahrzeug.

Gerne begrüßen wir Sie gemeinsam mit Ihrem Haustier in unserer schönen Ferienwohnung in Feldkirch-Tosters. Und sollten Sie an einem Buch schreiben, so stehen wir Ihnen auf Anfrage gerne hilfreich zur Seite.

Information und Buchung:
www.drachennest.at

– Anzeige –

Redaktions- und Literaturbüro - Pressearbeit seit 1989

Wir helfen Ihnen, Ihr Buchprojekt umzusetzen!

Kompetent und nach Ihren Wünschen

In den zurückliegenden Jahren haben wir für zahlreiche Autor*Innen sowie Institutionen, Schulen und Vereine private Buchprojekte umgesetzt, also Bücher, die nicht für den Buchhandel, sondern ausschließlich für den privaten Vertrieb oder Bedarf produziert wurden.

Wenn Sie Interesse haben, Ihre eigenen Geschichten einmal in einer Monografie zusammen gedruckt zu sehen – als Geschenk, für eine bestimmte Veranstaltung oder aber nur zur eigenen Freude, dann sprechen Sie uns an.

So können wir für Sie ein Taschenbuch mit bis zu 100 Seiten in schwarzweiß mit einer Auflage ab 30 Exemplaren bearbeiten, layouten und drucken – der Preis pro Buch liegt bei 10,90 Euro (zzgl. Versandkosten). Preise für gebundene Bücher und Bücher mit mehr Seiten oder in Farbe auf Anfrage.

Unsere weiteren Literatur-Dienstleistung:
    Lektorat
    Buchsatz
    E-Book Erstellung
    Ghostwriting
    Mein Trauerbuch
    Biografiearbeit

Schreiben Sie uns!
cat@cat-creativ.at
CAT creativ - www.cat-creativ.at

Printed by Amazon Italia Logistica S.r.l.
Torrazza Piemonte (TO), Italy